汉语教学学刊

HANYU JIAOXUE XUEKAN

北京大学对外汉语教育学院　主办
《汉语教学学刊》编委会　　编

2020 | 2
（总第12辑）

图书在版编目(CIP)数据

汉语教学学刊 . 总第 12 辑 /《汉语教学学刊》编委会编 . —北京：北京大学出版社，2020.12
ISBN 978-7-301-31918-5

Ⅰ . ①汉… Ⅱ . ①汉… Ⅲ . ①汉语 – 对外汉语教学 – 丛刊 Ⅳ . ① H195–55

中国版本图书馆 CIP 数据核字 (2020) 第 257198 号

书　　　名	汉语教学学刊 • 总第 12 辑 HANYU JIAOXUE XUEKAN • ZONG DI-SHI'ER JI
著作责任者	《汉语教学学刊》编委会　编
责 任 编 辑	邓晓霞　王铁军
标 准 书 号	ISBN 978-7-301-31918-5
出 版 发 行	北京大学出版社
地　　　址	北京市海淀区成府路 205 号　100871
网　　　址	http://www.pup.cn　新浪微博：@北京大学出版社
电 子 信 箱	zpup@pup.cn
电　　　话	邮购部 010–62752015　发行部 010–62750672　编辑部 010–62754144
印　刷　者	北京虎彩文化传播有限公司
经 销 者	新华书店 787 毫米 ×1092 毫米　16 开本　10.5 印张　223 千字 2020 年 12 月第 1 版　2020 年 12 月第 1 次印刷
定　　　价	42.00 元

未经许可，不得以任何方式复制或抄袭本书之部分或全部内容。
版权所有，侵权必究
举报电话：010–62752024　电子信箱：fd@pup.pku.edu.cn
图书如有印装质量问题，请与出版部联系，电话：010–62756370

目 录

历史、理论与视野：关于对外汉语教育史研究的思考 …………………… 张西平 1

从简单阅读观看汉语作为第二语言的阅读理解发展 … 郝美玲 孙真真 曹晶晶 9
基于多元发展模式的留学生状语学习难度研究 …………………… 吴思娜 21
韩国留学生句切分标记策略对汉语阅读的影响研究 ……………… 王 蕾 32
Investigating Pausing Phenomena in L2 Chinese Writing ………… 陆筱俊 45
"我看"在交际互动中的分布及其语用特点 ………………………… 徐晶凝 74
话语标记对汉语作为第二语言交际能力的影响和作用 …………… 潘先军 89

文本凭借与教学支持（下）——课程意义上的《老乞大》《朴通事》的经典化
……………………………………………………………………… 李云龙 104
高级汉语口语教材中的国家形象建构 ……………………………… 宋璟瑶 115
跨文化交际理论研究及研究发展趋势 ……………………………… 裴 蓓 133

ABSTRACTS ……………………………………………………………… 151
致 谢 ……………………………………………………………………… 156
《汉语教学学刊》稿件体例 ……………………………………………… 157

CONTENTS

History, Theory and Horizon: Reflections on History of Teaching
    Chinese as a Second Language ·················· ZHANG, Xiping   1

Is the Simple View of Reading applied to Reading Comprehension among Chinese Second
    Language Learners? ········ HAO, Meiling; SUN, Zhenzhen & CAO, Jingjing   9

Study of Adverbial Learning Difficulty Levels for L2 Chinese Learners Based
    on Multidimensional Model ·················· WU, Sina   21

A Study on the Influence of Sentence Segmentation Marking Strategies of
    Korean Students on Chinese Reading ·················· WANG, Lei   32

Investigating Pausing Phenomena in L2 Chinese Writing ········ LU, Xiaojun   45

Discourse Attributions and Pragmatic Features of wǒkàn
    in Interactions ·················· XU, Jingning   74

The Influence of Discourse Markers on the Communicative Competence of
    Chinese as a Second Language ·················· PAN, Xianjun   89

Text Reliance and Teaching Support: Classification of "Lao Qi Da"《老乞大》and
    "Piao Tong Shi"《朴通事》in the Sense of Curriculum ········ LI, Yunlong   104

National Image Construction in Advanced Spoken
    Chinese Textbooks ·················· SONG, Jingyao   115

Assessment of Intercultural Communication Theories ·················· PEI, Bei   133

ABSTRACTS ·················· 151
ACKNOWLEDGEMENT ·················· 156
Stylistic Rules and Layout of *Journal of Chinese Language Studies* ·················· 157

历史、理论与视野：关于对外汉语教育史研究的思考*

张 西 平

北京语言大学/北京外国语大学

一

我在十多年前曾对对外汉语教育史或者大一些说世界汉语教育史的研究对象和方法做过一个简要的概括：

世界汉语教育史就是汉语作为第二语言教育在世界范围内所发生的历史过程。这一定义已经大略地确定了世界汉语教育史的研究对象的基本内容。毫无疑问，对外汉语教育史是世界汉语教育史的最主要内容，但并不是唯一的内容，世界汉语教育史的研究应该有以下四个方面的内容：第一，对外汉语教育史；第二，少数民族汉语教育史；第三，国外华文教育史；第四，国别汉语教育史。

世界汉语教育史的研究方法应是：第一，语言习得理论的研究方法；第二，中国语言学史的研究方法；第三，汉学史的研究方法；第四，对比语言的研究方法。

经过二十多年的努力，这个研究领域取得了重大的学术进展，引起了学术界的关注。在文献整理上，有汪维辉主编的《朝鲜时代汉语教科书丛刊》[①]、李无未主编的《日本汉语教科书汇刊（江户明治编）》[②]和姚小平、姚喜明主编的"19世纪西方传教士编汉语方言词典"（共5种）。另外还有一些翻译著作，如"海外汉语研究丛书"（4种）：《华语官话语法》《汉文经纬》《汉语官话口语语法》《上海方言口语语法》。文献的整理和翻译直接推动了这个研究领域的发展。

在研究上也开始有了起色。张西平的《西方人早期汉语学习史调查》（2003）、董明的《古代汉语汉字对外传播史》（2002）作为最早的研究著作，对整个学科研究起到了带动性作用。周聿峨的《东南亚华文教育》（1995）、黄昆章的《印度尼西亚华文教育发展史》

---

* 本文写作得到北京外国语大学岳岚的帮助，在此表示感谢。

(2007)、郑良树的《马来西亚华文教育发展简史》(2007)和鲁宝元、吴丽君的《日本汉语教育史研究——江户时代唐话五种》(2009)、六角恒广的《日本中国语教育史研究》(1992)、《日本中国语教学书志》(2000)、《日本近代汉语名师传》(2002)和《中国语教育史稿拾遗》(2002)是首批国别汉语教育史研究上的一些尝试。杨慧玲的《19世纪汉英词典传统：马礼逊、卫三畏、翟理斯汉英词典的谱系研究》(2012)，李真的《马若瑟〈汉语札记〉研究》(2014)，董海樱的《16世纪至19世纪初西人汉语研究》(2011)，张西平、杨慧玲的《近代西方汉语研究论集》(2013)，陈辉的《论早期东亚与欧洲的语言接触》(2007)，卞浩宇的《晚清来华西方人汉语学习与研究》(2010)，王澧华、吴颖的"近代来华西人汉语教材研究丛书"(2016)，则代表了这个研究领域较为成熟的研究成果。

《世界汉语教育史》(张西平，2009)的出版在对外汉语教学学科史上具有里程碑意义。这是第一本以世界汉语教育史为核心的对外汉语教学专业本科教材，该书讲授了21个国家和地区的上下近2000年的汉语教育史，是一部具有奠基性和开创意义的力作，填补了对外汉语教学领域的一项空白，大大推进了汉语作为第二语言教学史的研究。由于当时尚有一些相关研究还未全面展开，有些章节内容单薄，资料略显匮乏，研究不够深入，造成了章节之间的不平衡，不过，正是因为如此，也为后来者提供了一个不断补充和完善的空间。而2004年国际性的学会组织世界汉语教育史研究学会在澳门成立，将分散的个体研究汇聚到以世界汉语教育史学会为核心的学术研究团体中来，毋庸置疑，这会大大推动这一学术领域的发展。

可以这样说，在对外汉语教育史研究领域或者说世界汉语教育史研究领域，坚冰已经打破，航向已经指明，成果已经涌现，队伍已经形成。

二

正像马克思说过的"我们仅仅知道一门唯一的科学，即历史科学"，历史学是整个人文学科的基础，在世界汉语教学史这个研究领域就更为突出。虽然我们在世界汉语教育史的文献收集与整理上取得了一些成绩，但还有大量的工作要做，从国别而言，世界主要国家都应编出一套汉语教育史文献丛刊，目前做到的只有日本和韩国。由于这涉及外语能力和海外汉学研究的进展，目前海外汉学史的研究开始有了一些国别汉学史的著作，希望在此基础上逐步翻译整理出主要国家的汉语教育史文献丛刊。学术是一个集体性的事业，学术乃天下公器，它需要一代接一代人去做，目前最需要的就是翻译和整理基础历史文献，这是我们这一代人的使命。做历史研究是比较辛苦的，傅斯年说："上穷碧落下黄泉，动手动脚找东西。"因为历史学研究是要靠材料说话的，没有一手的文献，做不出一手的学问。只是靠看看二手文献和研究成果,做些实践性教学调查是做不好对外汉语教育史研究的。目前在全球建立的孔子学院为我们提供了很好的条件,但很遗憾,绝大多数孔子学院都未将整理翻译国别汉语教育史作为其基本任务。

世界汉语教育史研究的重大意义在于它的研究进度和成果将直接关系到建立和发展具有中文特色的二语习得理论,甚至关系到中国应用语言学学科的发展。对外汉语作为应用语言学的一个组成部分,长期以来其二语习得的理论是依托英语教学的基本经验总结出来的,这套理论有价值,对推动对外汉语教学发挥了重要的作用。但汉语作为第二语言教学的历史比英语长久得多,至少从隋唐时期我们就有实实在在的历史文献。汉语二语习得以汉字教学为核心,汉字的表意特征使其具有一些和英语完全不同的特点,我们应在现有的二语习得理论的基础上,通过考察汉语作为外语教育所留下的丰厚的历史文献,从中提炼出新的理论。最近北京外国语大学的文秋芳教授就提出,中国的应用语言学不能总是跟着西方的应用语言学理论跑,应该有所创造,有所发明,这个看法对对外汉语教学界来说是很有启发意义的。

语言学的任何理论的建立都应有坚实的语言史基础,从这个意义上说,加大对外汉语教育史研究,并进而推动整个世界汉语教育史研究,对我国的应用语言学,对整个对外汉语教学都是具有重要意义的事情。

三

王力先生在《汉语史稿》(1980,1)中说:"汉语史是关于汉语发展的内部规律的科学。"他认为为了研究汉语史,应该注意对汉语的亲属语言进行研究,例如,对汉台语群中各类语言的研究,对汉藏语系中的藏缅语族的研究。为研究汉语古代语音,还应对日语、朝鲜语、越南语中汉语借词有研究。但从根本上讲,汉语史首先是和中国史、汉族人的历史密不可分的,因而,汉语史的研究基本上是以中国史为背景,以汉族人的语言认知活动为内容展开的。到目前为止,所有已出版的汉语史研究著作基本上都是以此为基点展开的。这样做无疑是正确的,但汉语的历史还有另一个重要的方面,即汉语作为外语研究的历史,或者说汉语作为外语学习的历史。这样的历史不仅在中国发生,也在世界各地发生。这些活动对汉语的发展也产生了影响,也应给予研究和重视。

索绪尔的《普通语言学教程》把与语言有关的因素区分为"内部要素"和"外部要素",认为语言的"外部要素"不触及"语言的内部机构"而予以排除。他说:"至于内部语言学,情况却完全不同:它不容许随意安排;语言是一个系统,它只知道自己固有的秩序。"③语言是一个同质的结构,语言学主要研究语言内部稳定的系统和特点。这样,他把语言的外在因素放在了一边,对语言的变异不太关注。

语言接触(language contact)的理论始于19世纪。从19世纪90年代开始,语言接触成为语言学研究的热门话题,甚至要成为语言学的一个分支。同时,社会语言学也开始关注这个问题,语言的"外部要素"也成为历史语言学主要内容的一部分。如剑桥大学出版社1977年出版的《历史语言学》(Historical Linguistics,Theodora Bynon)一书的上半部分讨论的是"语言发展的模式"(models of language development),下半部分讨论的是"语言的接触"。1996年英国学者Trask,R. L. 出版的《历史语言学》中的一章,题为"接触、语言的生和死"(Contact and birth and death of language)讨论语言的接触。

这说明语言的变化并不仅仅在内部因素,外部因素也有着重要的作用,即语言接触引起的变化。语言接触是通过语言使用者来实现的,因此,它和人群之间的互动有关。现在国内研究语言接触的学者大都在研究汉语和各类方言、各类少数民族语言之间的接触和相互影响,这当然是对的。但对汉语的变化影响最大的是汉文化两次与外部文化的交流,一次是佛教传入中国后对汉语的影响,一次是晚明后基督教传入对汉语发展产生的影响。这点王力先生已经很明确地指出了。

建立在象形文字基础上的中国语言有着自己的独特特点,学者研究证明,在甲骨文中就有许多与现代语言完全不同的表达句式,"在后来的汉语尤其书面文字中,语法关系常常不那么严格和细密,表达者常常省略或颠倒,而阅读者也总能'以意逆志',这是否反映了古代中国思维世界的感觉主义的倾向?因为汉字象形性的长期延续,它的独立呈意性使它在任何场合,均无需严密的句法即可表现意义,故而句法的规定性、约束性相对比较松散,这就使得古代中国思维世界似乎不那么注意'逻辑''次序'和'规则'。语言本身是思维的产物,也是思维运作的符号,如何表达与如何理解,本需要有一种共同认可的规则,但是,当文字的图像意味依然比较浓厚,文字的独立表意功能依然比较明显时,就可以省略一些句法的规定和补充,凭着话语发出者和接受者的共同文化习惯,他们能够表述和理解很复杂的意义"。(葛兆光2001,122)

马建忠的《马氏文通》开启了西洋语法观念进入中国语法体系之先河,尽管在此前已经有多名传教士和西洋人研究并出版了关于中国语法的书,但真正影响到中国语言学发展的是《马氏文通》。"作为一个筚路蓝缕以启山林的开路先锋,马建忠做到这个地步是很不容易的。马氏在理论上也有一些缺点。其中最重要的就是缺乏历史主义观点。他在序文中把语法看成是'有一成之律贯乎其中,历千古而无或少变'。他的意思是说,字形、字音是最易变的,而语法则是千古不变的。他把先秦的古语与千年后韩愈的语言看成同一的研究对象,这样古今杂糅,是语法不变论的逻辑结果。马氏的非历史主义又表现在抹杀语法的民族特点。"(王力2006,142)马氏之后,汉语语法研究不断推进,但以西洋语法之规律来总结中国语法之特点，总是很别扭，现代汉语的一些尴尬之处正在于此。

汉字以表意为特征，但形与音的纠缠也一直是汉字所关切的问题，一形多音和一音多形一直是个问题，佛教传入后发明了"反切"注音方法，但终归不很方便，受字音变化的影响，借助汉字辗转拼读汉字的方法在流传中多有舛误。利玛窦入华后，使用罗马字母注音的方法渐起，金尼阁（Nicolas Trigault,1577—1628）和王征合著的《西儒耳目资》直接影响了晚清乾嘉学派。

西人入华后，汉语和欧洲语言相遇，为学好汉语，这些传教士们就开始编词典。以拉丁罗马字母注音的双语词典就出现了，利玛窦（Matteo Ricci,1552—1610）、罗明坚（Michele Ruggieri,1543—1607）合作有《葡华辞典》，借助罗马字注音方案，编纂双语词典的传统数百年延绵不绝。但终因未出版，实际影响有限。马礼逊（Robert Morrison,1782—1834）入华后所编的《汉英英汉词典》出版，虽然他不是第一个发明一套拼音系统编撰汉语和欧洲语言辞典的人，但其影响最大。到晚清时拼音方案涌出。梁启超在给1896年沈学的《盛世元音》一书写序时，已经把此事看成兴国之大事。"稽古今之所由变，识离合之所由兴，审中外之异，知强弱之原，于是通人志士，汲汲焉以谐声增文，为世界一大事。"

晚清时翻译西学书籍成为"开民智、强国基之急务"，一时风起云涌，西书翻译出版目不暇接，由此新思想、新词语铺天盖地而来。如王国维所说："言语者，思想之代表也。故新思想之输入，即新语言输入之意味也。十年以前，西洋学术之输入，限于形下学之方面，故虽有新字新语，于文学上尚未有显著之影响也。数年以来，形上之学渐入于中国，而又有一日本焉，为之中间之驿骑，于是日本所造译西语之汉文，以混混之势，而侵入我国之文学界。"④

1905年科举废除后，中国传统的经学系统开始慢慢解体，以西方现代学科分类的新的知识体系逐渐成为表达中国已有知识和新知识的学科架构。于是，格物之学渐成物理、化学、力学、地学等现代自然科学，而以儒学为核心的传统"为己之学"则演化为文学、历史、哲学、社会学、宗教学、人类学等等。清末民初，知识和表达知识的体系为之大变，言语和表达思想的概念新旧杂糅，那真是"三千年未有之变局"。

有了学科之巨变，有了罗马注音，有了大量的新词涌现，编撰新语词典就成为清末民初的一大事业。这些词典成为近代汉语变迁的明证和集合，在这里汉语的各类变化都汇集于此。由词典史而入，新思潮、新概念、新语法研究方可有一个坚实的落点，乃至新学科、新社会的变迁在清末民初的词典中都可略见一斑，词典成为解开近代中国语言发展史，乃至中国近代思想史、学科史研究的一个关键。

学术界对佛教传入中国后，特别是在佛经翻译中梵语对汉语的影响研究已经比较充分，而对基督教传入后，以罗曼语系为代表的语言对汉语的影响研究与此相比还显得不够,亟待深入展开。西方人汉语学习研究的意义由此凸显出来。

历史语言学说明,在语言接触中大体有三个阶段:语言接触——语言影响——语言变化。罗曼语系所代表的西方语言系统在和汉语接触中对汉语的影响是一个逐步展开的过程,从晚明到晚清,从民国到现在,历经四百年之久。学术界对此已经有了初步的研究。汉语和罗曼语系所代表的西方语言的接触对汉语产生了四个方面的影响:

词汇影响——罗常培先生认为语言接触中的词汇变化是"借字",他说:"所谓'借字'就是一国语言里所羼杂的外来语成分。"这方面学术界已经有了很好的研究,20世纪高名凯先生、史有为先生等都有著作,但他们对近代以来基于中西文化交流的外来词研究不够,这些年马西尼先生、内田先生、沈国威先生在这方面做了许多工作,受到学术界的关注。

语音影响——罗常培先生的《耶稣会士在音韵学上的贡献》做了开创性的研究,至今这仍然是一个有待开拓的研究领域,特别是像顾炎武、刘献廷等明末清初的考据学家在音韵学上的研究和传教士音韵研究的关系仍有待深入。从金尼阁和王征的《西儒耳目资》后,汉语的注音系统开始逐步地变化,到现在汉语拼音已经成为汉语学习的一个重要手段。近年来张卫东先生的研究很值得关注。

语法影响——汉语语法著作是传教士首先开始编撰的,从卫匡国(Martino Martini,1614—1661)到万济国(Francisco Varo,1627—1687)再到马若瑟(Joseph Henri Marie de Prémare,1666—1736),最后到新教来华传教士的汉语语法编撰,这成为西方汉学史上一个重要的学术传统,而直到1898年马建忠才编写出《马氏文通》,而且肯定受到了拉丁语系的影响。因为作为天主教徒的马建忠,无论是在上海徐家汇学习时,还是后来到法国,他都接触到了传教士所编写的汉语语法书。

词典的编撰——中国自有双语词典编撰的传统,在四夷馆中也有一系列这样的词典,如最近出版的刘迎胜先生整理的《回回馆杂字》就是元代的波斯语与汉语的双语词典。但中文与罗曼语系统接触后所编撰的双语词典则起源于传教士,上面说的从利玛窦、罗明坚所编撰的《葡华辞典》,到新教传教士马礼逊所编撰的浩大的《汉英英汉词典》,有重要学术价值。

虽然这些年学术界做了一些基础性的文献翻译、整理、出版工作,例如我们和澳门基金会、香港大学图书馆合作,出版了13卷的《马礼逊文集》,但总体来说,仍有大量工作要做。

以上所有这些变化都是由于传教士来华后欧洲语言和中国语言接触后逐步形成和发展起来的。

这样我们看到,如果要弄清近代中国语言学史,近代以来基于中西文化交流的语言接触的历史是一定要搞清楚的,如果这一段搞不清楚,我们就无法说清中国近代语言学史。语言研究需要有历时性的眼光,加大对语言接触的研究就十分必要。

很高兴,这一时期已经有了一些值得关注的著作,例如刘亚辉的《马若瑟〈汉语札记〉与〈马氏文通〉文言虚字对比研究》、宋桔的《〈语言自迩集〉的汉语语法研究》、李海英的《清代来华汉学家的汉语语法研究》,这些都是从语法的角度展开的接触语言学研究。王洪君等主编的"早期北京话珍本典籍校释与研究"丛书则是从北京话的角度展开的比较语言学研究。钱乃荣则研究的是上海方言,他著有《西方传教士上海方言著作研究》一书,这些都揭示了西人汉语研究对中国近代语言的影响。

长期以来我们从事对外汉语教学,只是认为它作为应用语言学,是对汉语本体的一种应用,但实际上,任何语言在作为外语进行教学时,都会发生与不同语言的接触,这种接触就会对原母语产生影响。在整个意义上,做好对外汉语教育史乃至世界汉语教育史,对于近代汉语史的研究,对于近代汉语的变迁史研究都是十分重要的。

汉语现在已经走向了世界,随着中国的崛起,汉语将会被更多地族群、国家使用。在这样的形势下,从事对外汉语教学的老师,理应高度重视对外汉语教学史的研究,重视世界各国汉语教育史的研究,从而为学科的发展,为中国语言学的创新与发展提供坚实的史学基础。

注　释

① 该丛书收录了朝鲜时代汉语教科书10种,2005年由中华书局出版。
② 该丛书汇集日本江户、明治两个时期汉语教科书和工具书134种,2015年由中华书局出版。
③ 引自索绪尔著、高名凯译《普通语言学教程》,商务印书馆1980年版。
④ 王国维《论新学语之输入》,转引自罗新璋、陈应年《翻译论集(修订本)》第260页,商务印书馆2009年出版。

参考文献

艾约瑟(2011)《上海方言口语语法》,外语教学与研究出版社。
艾约瑟(2015)《汉语官话口语语法》,外语教学与研究出版社。
卞浩宇(2010)《晚清来华西方人汉语学习与研究》,苏州大学博士学位论文。
陈　辉(2007)《论早期东亚与欧洲的语言接触》,中国社会科学出版社。
董海樱(2011)《16世纪至19世纪初西人汉语研究》,商务印书馆。
董　明(2002)《古代汉语汉字对外传播史》,中国大百科全书出版社。
葛兆光(2001)《中国思想史》,复旦大学出版社。
黄昆章(2007)《印度尼西亚华文教育发展史》,外语教学与研究出版社。
甲柏连孜(2015)《汉文经纬》,外语教学与研究出版社。

金尼阁、王　征(1957)《西儒耳目资》,文字改革出版社。
李　真(2014)《马若瑟〈汉语札记〉研究》,商务印书馆。
李海英(2019)《清代来华汉学家的汉语语法研究》,中国社会科学出版社。
李无未(2015)《日本汉语教科书汇刊(江户明治编)》,中华书局。
刘亚辉(2016)《马若瑟〈汉语札记〉与〈马氏文通〉文言虚字对比研究》,语文出版社。
六角恒广(1989)《中国语教育史论考》,不二出版社。
六角恒广(1992)《日本中国语教育史研究》,北京语言学院出版社。
六角恒广(1998)《中国语教本集成》,不二出版社。
六角恒广(2000)《日本中国语教学书志》,北京语言文化大学出版社。
六角恒广(2002)《日本近代汉语名师传》,北京大学出版社。
六角恒广(2002)《中国语教育史稿拾遗》,不二出版社。
鲁宝元、吴丽君(2009)《日本汉语教育史研究——江户时代唐话五种》,外语教学与研究出版社。
罗新璋、陈应年(2009)《翻译论集》,商务印书馆。
马建忠(1983)《马氏文通》,商务印书馆。
钱乃荣(2014)《西方传教士上海方言著作研究》,上海大学出版社。
宋　桔(2015)《〈语言自迩集〉的汉语语法研究》,复旦大学出版社。
瓦　罗(2003)《华语官话语法》,外语教学与研究出版社。
汪维辉(2005)《朝鲜时代汉语教科书丛刊》,中华书局。
王　力(1980)《汉语史稿》,中华书局。
王　力(2006)《中国语言学史》,复旦大学出版社。
王洪君、郭　锐、刘　云(2018)"早期北京话珍本典籍校释与研究"丛书,北京大学出版社。
王澧华、吴　颖(2016)"近代来华西人汉语教材研究丛书",广西师范大学出版社。
杨慧玲(2012)《19世纪汉英词典传统:马礼逊、卫三畏、翟理斯汉英词典的谱系研究》,商务印书馆。
姚小平、姚喜明(2016)"19世纪西方传教士编汉语方言词典"丛书,上海大学出版社。
张西平(2003)《西方人早期汉语学习史调查》,中国大百科全书出版社。
张西平(2008) 世界汉语教育史的研究对象与研究方法,《世界汉语教学》第1期,122-132页。
张西平(2009)《世界汉语教育史》,商务印书馆。
张西平、杨慧玲(2013)《近代西方汉语研究论集》,商务印书馆。
郑良树(2007)《马来西亚华文教育发展简史》,外语教学与研究出版社。
周聿峨(1995)《东南亚华文教育》,暨南大学出版社。
Theodora Bynon(1977) *Historical Linguistics*, Cambridge: Cambridge University Press.
Trask, R. L. (2000)《历史语言学》,外语教学与研究出版社。

作者简介

　　张西平,北京语言大学特聘教授,北京外国语大学教授。Email:13910383282@qq.com。

从简单阅读观看汉语作为第二语言的阅读理解发展

郝美玲　孙真真　曹晶晶

北京语言大学

提　要　了解阅读理解的性质及核心成分技能对第二语言阅读发展研究和教学均具有重要意义。简单阅读观(Gough & Tunmer 1986)将阅读理解过程概括为解码和语言理解两个主要成分,为考察复杂的阅读理解提供了简明实用的框架。尽管该理论得到了大量来自母语儿童和低龄的第二语言学习者实验证据的支持,但是其理论观点是否适用于成人第二语言阅读理解还有待进一步验证。本研究以汉语水平为初级和高级的两组成人学习者为研究对象,考察了解码和听力理解对他们阅读理解成绩的相对贡献。回归分析结果显示,对于初级汉语水平学习者,能够显著预测其阅读理解成绩的是解码成绩;而对于高级汉语水平学习者,听力理解的成绩可以显著预测阅读理解成绩的变异。本研究的结果说明简单阅读观这一理论框架适合考察汉语成人第二语言阅读理解。基于本研究的结果,我们建议在汉语第二语言阅读教学初期,加强解码技能的训练,同时将篇章理解策略融合进听力教学和阅读教学中。

关键词　简单阅读观　解码　语言理解　汉语作为第二语言阅读理解

一　引言

阅读理解是阅读发展的核心目标,也是检验学习者阅读能力强弱的重要指标,了解和掌握其核心成分技能对于母语和第二语言阅读发展研究和教学均具有重要意义。然而,阅读理解是一系列复杂过程的组合,包含了从单个字词识别到篇章意义建构等一系列认知加工过程。简化起见,Gough & Tunmer(1986)提出的简单阅读观(Simple View of Reading)将阅读理解分为词语解码(decoding)和语言理解(language comprehension)

---

*　本项研究得到国家社会科学基金重大项目(17ZDA305)和北京语言大学梧桐创新平台项目(中央高校基本科研业务费专项资金)(19PT01)的资助。《汉语教学学刊》审稿专家提出了很多宝贵修改意见和建议,谨此一并致谢。

两个潜在的认知加工过程,指出阅读理解是二者相互作用的产物,其中词语解码指的是从词语视觉符号通达其读音和词义;而语言理解则是理解口头语篇的能力,而且口头语言理解和书面语言理解只是输入通道不同,所涉及的语篇理解过程是一致的。

简单阅读观强调,词语解码和语言理解是成功进行阅读理解的必要条件,任何一方缺失都会造成阅读理解困难(Hoover & Gough 1990)。如果解码不熟练,则需要在解码上花费较多的认知资源,那么用于句子和语篇理解的认知资源就会受限,从而导致语篇语义较难整合,造成阅读理解失败;当解码技能达到熟练程度之后,读者可以把更多的认知资源分配给句法分析、意义构建、衔接、推论等语言理解过程(Hoover & Tunmer 2018)。

简单阅读观为学界理解和研究阅读理解的习得和过程提供了简明实用的理论框架。三十多年过去了,来自不同语言文字背景的大量研究不仅证实了简单阅读观的适用性,还得出了一些重要的研究结论。首先,研究发现词语解码和语言理解[①]这两个因素能够解释阅读理解很大比例的变异。比如 Hoover & Gough(1990)的追踪研究显示,从一年级到四年级,二者可以解释的美国儿童阅读理解的变异在 73%～89% 之间。在 Joshi et al.(2012)的跨语言比较研究中,解码和听力理解分别可以解释汉语二年级和四年级儿童阅读理解 31% 和 42% 的变异,英语二、三年级儿童 50% 左右的变异,西班牙语二、三年级儿童 60% 左右的变异。而在近年来一些包含更多因素的潜变量分析研究中,二者可以解释的变异甚至超过 90%(例如,Adlof et al. 2006;Cho et al. 2019)。以上结果说明这两个因素确实与阅读理解有着密切关系。其次,研究还发现词语解码和语言理解对阅读理解的相对重要性随着学习者阅读发展阶段不同而发生变化(例如,Proctor et al. 2005;Foorman et al. 2018;Kim 2020)。Kim(2020)对美国小学儿童的追踪研究显示,在他们二年级时,词语解码和听力理解均为阅读理解的较强预测因素,但是到四年级时词语解码的作用下降,而听力理解的作用上升。Foorman et al.(2018)考察了美国 1—10 年级儿童的解码(包括解码流畅性和语音意识)与语言理解(包括听力理解、口语词汇和句法知识)对阅读理解的相对贡献,发现三年级以后,阅读理解的大部分变异基本上可以由语言理解这一潜在结构来解释。Kieffer et al.(2016)以三到六年级的儿童为被试,也得到类似的发现。

双语儿童或者低龄的第二语言学习者的研究结果并不像母语儿童的研究结论这么一致。例如,Droop & Verhoeven(2003)以学习荷兰语的儿童第二语言学习者为被试,发现三年级时词语解码和语言理解共同作用于阅读理解技能,但到四年级时,解码技能的作用不再显著。Lervåg & Aukrust(2010)的追踪研究发现,在排除了母亲的教育水平和非语言能力等因素的影响之后,只有语言理解能力能够解释乌尔都语—挪威语双语儿童从二年级中期到三年级末阅读理解能力的提高,而解码技能的作用却不显著。Jeon & Yamashita(2014)的元分析也发现,在解码、听力理解、语法知识和词汇知识这4个因素中,解码与阅读理解之间的关系最弱(r=.56),后三者与阅读理解之间的关系都在.77之上。而在简单阅读观的理论框架中,后三者都属于语言理解的范围。Zhang & Ke(2020)考察了在新加坡学习英语的四年级汉语儿童和马来西亚语儿童,发现对于家庭中主要使用英语的汉语儿童来说,语言理解和解码均作用于阅读理解;但是对于家庭主要语言为汉语的儿童,解码则不起作用,而对于家庭主要语言同样也非英语的马来语儿童,以派生词流利度为指标的解码却对阅读理解产生了作用。作者认为,来自母语马来语的跨语言迁移,使得马来语儿童对派生词的结构比较熟悉,从而在阅读理解过程中能够进行有效的词素加工。这样看来,对于第二语言学习者来说,语言理解与阅读理解之间的关系更为密切,解码是否起作用受到学习者第二语言的水平、使用程度、母语迁移等因素的调节(Melby-Lervåg & Lervåg 2014)。

　　研究还发现,词语解码起作用的阶段长短还会受到目标语正字法特征的调节。具体来说,在正字法相对不透明的文字中,词语解码起作用的阶段较长。这一点在汉语读者身上表现得非常明显。例如,Joshi et al.(2012)比较了汉语、英语和西班牙语小学生的解码技能和听力理解对阅读理解的相对贡献,结果发现,在两种拼音文字(英语和西班牙语)中,解码对阅读理解的影响随着儿童年级升高而迅速减弱,而汉语儿童却出现了相反的模式:在二年级儿童中汉字阅读可以解释阅读理解22%的变异,在四年级儿童中汉字阅读解释的变异达到了32%。以汉语为第二语言的儿童阅读发展也发现了类似的模式。据我们所知,Wong(2019)是仅有的在简单阅读观框架下考察低龄汉语第二语言学习者阅读理解的研究。该研究追踪考察了121名在香港学习汉语的少数族裔小学生阅读能力发展的情况,报告了他们在四年级和六年级时解码和听力理解对阅读理解的相对贡献。结果发现,无论哪个年级,解码对阅读理解的重要性均超过了听力理解。作者认为,由于汉字正字法深度较深,所以学习汉字解码需要的时间较长,因此解码对阅读理解的影响直到小学高年级仍然存在,证明了正字法深度对解码与阅读理解之间关系的调节作用。但需要注意的是,虽然这些学习者所在的年级为小学高年级,但是其汉语水平却并未达到真正高年级应有的水平。首先,该研究用于测试解码的材料选自中国一二年级儿童用的教材,可见他们的汉语水平还处于初级阶段;其次,在六年级的数据分析中,使用的是四年级时的解码成绩,也不能代表六年级时实际的解码技能水平。而Hoover & Tunmer(2018)在澄清目前学界对简单阅读观的一些误解时特意强调,应在共时的层面理解解码、语言理解和阅读理解之间的关系。因此,第二语言学习者在其阅读能力达到高级水平之后,解码技能和语言理解对阅读理解的相对贡献如何仍需进一步实验探讨。

如前所述，在简单阅读观理论框架下的相关研究主要来自以英语为母语的儿童或者年幼的第二语言学习者，有关成年第二语言学习者的研究较为少见（Jeon & Yamashita 2014；Sparks 2019），而以汉语为目标语言的研究则更为缺乏。与母语儿童和年幼的第二语言学习者不同，成人学习者在学习第二语言阅读之前已经获得了诸如推理、预期、利用背景知识等丰富的语言理解经验，这些经验是否能够帮助他们在阅读理解的过程中减弱对词语解码的依赖呢？再加上汉字的视觉复杂性和形音对应的不透明性，我们需要进一步验证词语解码和语言理解在汉语成人第二语言学习者阅读理解中的相对贡献如何，以及解码对阅读理解的制约是否会延续到高级水平汉语学习者的阅读理解中。

综上所述，本研究在简单阅读观理论框架的指导下，以初级和高级汉语水平学习者为被试，具体考察如下两个问题：解码和听力理解能否预测汉语第二语言学习者阅读理解成绩的变异？二者对阅读理解的相对贡献是否会随着学习者阅读发展阶段的不同而有所不同呢？

二 实验研究

2.1 被试

被试包括 29 名初级汉语水平的学习者和 37 名高级汉语水平的学习者。初级汉语水平指的是入学时通过分班考试被认定为零基础，到测试时在北京语言大学学习了 4～6 个月的学习者，未参加过汉语水平考试。高级汉语水平的学习者是 HSK 成绩达到五级或者六级的学习者。两组被试都在同一所高校学习汉语，均来自西班牙、澳大利亚、英国、哥斯达黎加、柬埔寨、印度、巴基斯坦等非汉字文化圈国家。

2.2 实验任务和材料

为了保证实验任务对于相同水平内部学生有比较好的区分度，三个任务中不同水平的学生使用的均是适合水平难度的、不同的材料。

2.2.1 阅读理解

阅读理解考察被试对视觉书面篇章文字材料的理解能力，题目主要考察对文本细节信息的把握、根据内容进行推测、概括文章或者段落的主旨、特殊句子句意判断等方面的能力。

初级水平的测试材料是由任课老师帮助选取的难度适合初级汉语水平学习者的 4 篇文章（记叙文和说明文各 2 篇）。测试时要求被试先阅读文本，然后根据内容完成对错判断题和四选一选择题。共 21 个问题，每题 2 分，总分为 42 分。采用纸笔形式集体施测。测验的可靠性指标克隆巴赫 *alpha* 系数为.927。

高级水平学习者的测试材料是根据汉语阅读分级指难针(https:// languagedata. net/editor/2019.12.03),从 HSK 五、六级真题中选取的 4 篇阅读文本(记叙文和说明文各 2 篇)。测试时要求被试先阅读文本,然后完成 18 道四选一的选择题,每题 1 分,采用纸笔形式个别施测。测验的可靠性指标克隆巴赫 $alpha$ 系数为.807。

2.2.2 听力理解

在前人研究(例如,Hoover & Gough 1990)中,语言理解通常用听觉句子理解或者听觉篇章理解来测量。本文也沿用这样的做法。听力理解任务考察被试对听觉言语呈现的篇章材料的理解能力,同阅读理解一样,听力理解的测试问题也主要考察细节把握、根据内容进行推断、归纳主旨等方面的能力。

初级水平的测试材料是由任课老师帮助选取的 7 篇难度适合的听力材料,包括 3 篇说明文、2 篇记叙文和 2 段对话。要求被试根据听到的内容完成判断题、选择题和填空题,共 46 题,每题 1~2 分,满分为 70 分。采用纸笔形式集体施测。测验的可靠性指标克隆巴赫 $alpha$ 系数为.862。

高级水平的测试材料也是根据汉语阅读分级指难针从 HSK 五、六级真题中选取的 4 篇难度逐增的听力文本,2 篇记叙文和 2 篇说明文。要求被试根据听到的内容,完成 15 道四选一选择题,每题 1 分,共 15 分。采用纸笔形式个别施测。测验的可靠性指标克隆巴赫 $alpha$ 系数为.662。

2.2.3 字词阅读准确性

该任务主要考察被试汉语字词识别的准确性,它常被用作解码能力的指标。初级和高级水平学习者的字词阅读测验均采用个别施测。

初级水平的测试材料选自《国际汉语教学通用课程大纲》前三级的 102 个汉字。所选汉字按照难度递增顺序排列,要求被试依次朗读,允许自我纠正,由主试记录正确数量,每读对 1 个字得 1 分,测验最高分为 102 分。考虑到初级水平的被试汉语水平较低,故声调有误不计入错误数,当被试连续读错 10 个汉字则测试停止。测验的可靠性指标克隆巴赫 $alpha$ 系数为.952。

高级水平的测试材料选自《新汉语水平考试大纲》,从 5000 个词语中随机选择了 80 个双字词,按照由易到难的等级组合成词表。实验过程中要求被试按照顺序依次朗读,允许自我纠正,由主试记录正确数量,每读对 1 个词得 1 分,读错词中任意一字均不得分,当被试连续读错 10 个词语则测试停止,测验的最高分为 80 分。测验的可靠性指标克隆巴赫 $alpha$ 系数为.930。

2.3 施测安排

初级汉语水平学习者的阅读理解和听力理解分两次在课堂上由任课教师帮助完成,

每次完成一项测试,字词阅读测试采用个别施测。高级汉语水平学习者的三项测试均采用个别施测完成。个别施测任务由本文的第二、第三作者在安静的实验室负责完成。

三 实验结果

3.1 描述性统计和相关分析

初级和高级汉语水平学习者在阅读理解、听力理解和字词阅读准确性上的成绩及互相之间的相关如表1和表2所示。由于两组被试水平相差悬殊,我们使用了不同的实验材料,所以无法直接比较两组被试在三个实验任务上的正确率差异。但本文的主要目的是考察不同水平学习者阅读理解的核心技能在阅读理解过程中的作用情况,因此在两组被试内部进行变量间的相关分析和回归分析即可。

表1 两组被试在阅读理解、听力理解和字词阅读上的正确率(标准差)

	阅读理解	听力理解	字词阅读
初级学习者	0.60 (0.25)	0.87 (0.08)	0.54 (0.16)
高级学习者	0.79 (0.15)	0.69 (0.15)	0.78 (0.12)

表2 两组被试在阅读理解、听力理解和字词阅读上成绩的相关

	阅读理解	听力理解	字词阅读
阅读理解		.61***	.51**
听力理解	.42*		.56***
字词阅读	.54**	.40*	

注:以对角线为分界,左下角是初级水平学习者的相关,右上角是高级水平学习者的相关。
* 表示 $p<.05$,** 表示 $p<.01$,*** 表示 $p<.001$。

从表2的相关结果可以看出,初级水平学习者和高级水平学习者的相关模式既存在一些共性,也存在差异。共性表现在字词阅读与听力理解、阅读理解都存在显著的相关($p<.05$)。差异表现在初级汉语水平学习者的字词阅读与阅读理解的相关略强于听力理解与阅读理解之间的相关,而高级汉语水平学习者却表现出相反的模式,即听力理解与阅读理解间的相关较高。

3.2 回归分析结果

为了进一步考察字词阅读和听力理解对不同汉语水平学习者阅读理解的相对作用大小,我们以初级和高级汉语水平学习者的阅读理解成绩为因变量,字词阅读和听力理

解成绩为自变量,进行了 Enter 法回归分析,结果如表 3 和表 4 所示。

表 3　初级汉语水平学习者阅读理解变异的回归分析

变量	B	S. E.	Beta	t	半偏相关系数平方
字词阅读	.673	.269	.427	2.504*	.153
听力理解	.842	.496	.290	1.699	.070

注:* 表示 $p < .05$

初级汉语水平学习者的回归方程显著,$F(2, 26)=7.51$,$p < .01$。矫正后 $R^2 = .318$,表明两个因素可以共同解释阅读成绩总变异的 31.8%,其中字词阅读的作用显著($p < .05$),听力理解的作用不显著($p > .1$)。从半偏相关系数的平方看二者各自对阅读理解成绩的独立贡献,字词阅读准确性的独立贡献为 15.3%,而听力理解的独立贡献为 7%。

表 4　高级汉语水平学习者阅读理解变异的回归分析

变量	B	S. E.	Beta	t	半偏相关系数平方
字词阅读	.308	.190	.256	1.620	.045
听力理解	.457	.156	.463	2.929**	.148

注:** 表示 $p < .01$

高级汉语水平学习者的回归方程也是显著的,$F(2, 34)=11.93$,$p < .001$。矫正后 $R^2 = .378$,表明两个因素可以解释其阅读成绩总变异的 37.8%,其中听力理解的作用显著($p < .01$),而字词阅读准确性的作用不显著($p > .1$)。从半偏相关系数的平方可以看出,听力理解的独立贡献为 14.8%,而字词阅读的独立贡献为 4.5%。

四　综合讨论

本研究的主要目的是考察简单阅读观提出的两个认知技能——解码和语言理解是否能够解释汉语成人第二语言学习者阅读理解的变异,以及它们的相对重要性是否会随着学习者阅读发展阶段的不同而变化。我们分别考察了初级和高级汉语水平学习者的解码技能(通过字词阅读测量)、语言理解(通过听力理解测量)和阅读理解之间的关系,结果发现,字词阅读成绩可以显著预测初级汉语水平学习者的阅读理解成绩,而听力理解成绩可以显著预测高级汉语水平学习者的阅读理解成绩。这一结果模式符合简单阅读观的主要预测,说明简单阅读观也适用于评估成人第二语言学习者阅读理解能力的发展状况。

本研究发现的初级汉语水平学习者的阅读理解主要依靠字词解码,而高级汉语水平学习者的阅读理解主要依赖语言理解的模式,与目前来自母语儿童或者学习汉语的儿童第二语言学习者的结果基本一致(Adlof et al. 2006；Joshi et al. 2012；Wong 2017；Kim et al. 2020)。Adlof et al. (2006)对604名美国儿童进行了追踪研究,考察了他们在二年级、四年级和八年级时解码能力和听力理解的相对作用大小,发现二年级时词语识别的作用显著大于听力理解,而在四年级时二者可以独立解释的变异相当,到八年级时,听力理解几乎可以解释阅读理解的全部变异,而词语阅读失去了预测作用。与拼音文字相比,方块汉字的视觉特征复杂,字形与字音、字义之间的映射缺乏规律性(尤其是对于初学阶段的学习者),再加上汉语字词数量众多,因此汉语第二语言学习者在阅读能力发展的初期阶段,需要花费大量时间和练习来破解汉字字形与字音、字义之间的映射关系。如果汉语字词阅读存在困难,那么会阻碍句子意思的获取、语段语篇意义的建构,从而导致阅读理解成绩较差,所以在阅读能力发展的初级阶段,字词阅读对阅读理解的作用更大一些。

如前所述,在简单阅读观框架下的研究主要集中在低龄的第二语言学习者中,他们的母语和第二语言都处于发展中,诸多因素会影响到解码和语言理解对阅读理解的相对贡献。一些来自高级第二语言学习者听力理解和阅读理解关系的研究,尽管没有以简单阅读观为理论框架,但是其结果也揭示了听力理解和阅读理解之间具有的密切关系。例如,黄敬、王佶旻(2013)以HSK[高等]考试的听力理解和阅读理解为研究对象,比较了高级汉语水平学习者听力理解和阅读理解的结构,指出对于高级汉语水平学习者,二者在理解过程方面是相似的,但是解码过程因为呈现模式的差异而表现出不同。在两项考察亚洲国家学生在《国际交流英语测评》中听力理解和阅读理解成绩的关系的研究中,都发现二者具有显著的强相关($r = .76$, Liao & Morgan 2010; $r = .87$, In'nami & Koizumi 2012)。

遗憾的是,本研究只包括了初级和高级汉语水平的两组学习者,而且恰好观察到解码和语言理解分别在两个水平起作用,未来研究可以包括一组中级汉语水平的学习者,进一步探测在阅读理解能力发展的过程中,解码和听力理解的相对重要性发展转变的阶段和条件。

另外我们还注意到,字词解码和听力理解之间也存在密切的关系。在初级汉语水平学习者中,二者的相关为.40($p < .05$),在高级汉语水平学习者中,二者的相关达到.56 ($p < .001$)。在简单阅读观理论的提出者Hoover & Gough的研究(1990)中,解码和听力理解之间的相关从一年级时的0.42上升到四年级时的0.72。他们强调在阅读习得的过程中,解码和语言理解之间存在交互作用。Tunmer & Chapman(2012)提议,语言理解除了直接作用于阅读理解之外,还可能通过影响解码技能而间接作用于阅读理解。一

些关于早期阅读发展的研究也指出,口语理解能力是早期阅读起步和发展的基础,它可以帮助学习者洞悉书面文字和口语单位之间的映射关系(Ziegler & Goswami 2005)。所以,未来研究可进一步探讨在汉语水平发展的不同阶段,语言理解作用于阅读理解的详细路径及机制。

再者,需要指出的是,虽然冠名为简单阅读观,但是 Hoover & Tunmer(2018)强调简单阅读观只是将复杂的阅读理解过程分为解码和语言理解两大部分,其实并不简单。而实际上,解码和语言理解可以是各自多维度的概念,其加工都包含复杂的认知过程。这一点从不同研究在关于"解码"能力的界定和考察上也可以体现出来,例如,Wong(2019)把汉字的正字法知识整合进解码中,而 Zhang & Ke(2020)把词素知识整合进解码测验中。因此,在阐述解码和语言理解对于阅读理解的作用时,应具体分析其所用操作性定义和界定。

五 结论与教学启示

简单阅读观为学界了解阅读理解的过程和亚成分技能提供了简明经济且操作性强的框架,但是其研究发现主要来自母语儿童和学习第二语言的儿童、青少年的数据,缺乏成人第二语言学习者的证据。本研究以初级和高级汉语水平的学习者为被试,考察了字词阅读、听力理解和阅读理解在两组学习者中的关系,发现字词阅读和听力理解可以解释汉语第二语言学习者阅读理解较大部分的变异,字词阅读的作用主要体现在初级阶段,听力理解主要作用于高级阶段,从而说明简单阅读观这一在儿童阅读发展领域得到广泛验证的理论框架也适用于评估成人汉语第二语言学习者。

基于本研究的结果,我们对汉语第二语言学习者的阅读教学提出如下建议:

首先,在阅读学习初期,解码是阅读能力发展与提高的关键因素,也是阅读理解进一步提升的瓶颈,因此在初级阶段要注重培养学习者快速而准确的解码技能。而解码能力的发展,很大程度上得益于学习者对汉字结构规律的认识和元语言意识的发展。前人研究发现,正字法意识(郝美玲、周思浓 2019;朱文文、陈天序 2019;Chen 2019)、语音意识(Zhang & Roberts 2019)和词素意识(郝美玲、汪凤娇 2020)均对汉字的解码成绩有显著的贡献。因此在教学过程中,应尊重元语言意识发展的规律,结合汉字的结构特征进行有效的汉字教学。以往的一些教学实验也证明了根据汉字结构特征进行汉字教学的有效性。例如 Xu et al.(2014)证明教合体字时强调共有部件能够有效促进学习者的汉字学习效果。郝美玲、舒华(2005)则发现,在课堂上集中呈现熟悉声旁构成的形声字,有助于学习者发现声旁和整字之间在读音上的对应关系,从而提高生字学习的效率。

其次,排除解码的影响后,听力理解对阅读理解存在显著贡献,前人研究认为二者具有相似的加工过程,即语篇理解过程。语篇理解涉及从不同通道的解码到获取语篇意义的一系列加工过程,例如捕捉细节信息、推理判断、概括总结等(黄敬、王佶旻 2013)。这些宏观的技能又包括更具体的微技能,拿推理判断能力来说,可以借助背景知识进行推理判断,也可以利用关键信息进行推理判断。因此我们建议在教材编写和课程设计上,有计划地引入不同等级不同类型的语篇理解策略,培养学习者的语篇加工能力,从而促进学习者听力理解和阅读理解能力的共同提高。

注　释

① 需要说明的是,大量研究使用听力理解测试来测量语言理解,所以文章中一般情况会使用"语言理解",涉及具体的任务时会使用"听力理解"。

参考文献

国家汉办/孔子学院总部(2009)《新汉语水平考试大纲》,商务印书馆。

郝美玲、舒　华(2005)声旁语音信息在留学生汉字学习中的作用,《语言教学与研究》第 4 期,46—51 页。

郝美玲、汪凤娇(2020)语音意识和词素意识在初级水平留学生汉语阅读中的作用,《语言教学与研究》第 2 期,10—21 页。

郝美玲、周思浓(2019)汉语初学者汉字阅读准确性与流畅性影响因素研究,《世界汉语教学》第 4 期,548—562 页。

黄　敬、王佶旻(2013)基于结构方程模型的高级水平汉语学习者语言理解能力结构探究,《华文教学与研究》第 2 期,24—35 页。

孔子学院总部/国家汉办(2014)《国际汉语教学通用课程大纲》(修订版),北京语言大学出版社。

朱文文、陈天序(2019)海外初级汉语学习者汉字读写能力对比研究,《海外华文教育》第 1 期,78—87 页。

Adlof, S. M., H. W. Catts & T. D. Little (2006) Should the simple view of reading include a fluency component? *Reading and Writing*, 19, 933—958.

Chen, T. X. (2019) Joint contributions of multilevel linguistic knowledge to character meaning retention in L2 Chinese. *Journal of Psycholinguistic Research*, 48, 129—143.

Cho, E., P. Capin, G. Roberts, G. J. Roberts & S. Vaughn (2019) Examining sources and mechanisms of reading comprehension difficulties: Comparing English learners and non-English learners within the Simple View of Reading. *Journal of Educational Psychology*, 111(6), 982—1000.

Droop, M. & L. Verhoeven (2003) Language proficiency and reading comprehension in first and second language learners. *Reading Research Quarterly*, 38, 78—103.

Foorman, B. R., Y. Petscher & S. Herrera (2018) Unique and common effects of decoding and language factors in predicting reading comprehension in grades 1—10. *Learning and Individual Differences*, 63, 12—23.

Gough, P. B. & W. E. Tunmer (1986) Decoding, reading, and reading disability. *Remedial and Special Education*, 7, 6—10.

Hoover, W. A. & P. B. Gough (1990) The simple view of reading. *Reading and Writing: An Interdisciplinary Journal*, 2, 127—160.

Hoover, W. A. & W. E. Tunmer (2018) The simple view of reading: Three assessments of its adequacy. *Remedial and Special Education*, 39(5), 304—312.

In'nami, Y. & R. Koizumi (2012) Factor structure of the revised TOEIC© test: A multiple-sample analysis. *Language Testing*, 29(1), 131—152.

Jeon, E. & J. Yamashita (2014) L2 reading comprehension and its correlates: A Meta-analysis. *Language Learning*, 64(1), 160—212.

Joshi, R. M., S. Tao, P. G. Aaron & B. Quiroz (2012) Cognitive component of componential model of reading applied to different orthographies. *Journal of Learning Disabilities*, 45(5), 480—486.

Kieffer, M. J., Y. Petscher, C. P. Proctor & R. D. Silverman (2016) Is the whole greater than the sum of its parts? Modeling the contributions of language comprehension skills to reading comprehension in the upper elementary grades. *Scientific Studies of Reading*, 20, 436—454.

Kim, Y.-S. G. (2020) Hierarchical and dynamic relations of language and cognitive skills to reading comprehension: Testing the Direct and Indirect Effects Model of Reading (DIER). *Journal of Educational Psychology*, 112(4), 667—684.

Kim, Y.-S. G., Q. Guo, Y. Liu, Y. Peng & L. Yang (2020) Multiple pathways by which compounding morphological awareness is related to reading comprehension: Evidence from Chinese second graders. *Reading Research Quarterly*, 55(2), 193—212.

Lervåg, A. & V. G. Aukrust (2010) Vocabulary knowledge is a critical determinant of the difference in reading comprehension growth between first and second language learners. *Journal of Child Psychology and Psychiatry*, 51, 612—620.

Liao, C., Y. Qu & R. Morgan (2010) The relationships of test scores measured by the TOEIC listening and reading test and TOEIC speaking and writing tests. *TOEIC Compendium Study*, 10, 1—15.

Melby-Lervåg, M. & A. Lervåg (2014) Reading comprehension and its underlying components in second-language learners: A meta-analysis of studies comparing first- and second-language learners. *Psychological Bulletin*, 140(2), 409—433.

Proctor, P. C., M. Carlo, D. August & C. Snow (2005) Native Spanish-speaking Children Reading in English: Toward a Model of Comprehension. *Journal of Educational Psychology*, 97(2), 246−256.

Sparks, R. L. (2019) Why reading is a challenge for U. S. L2 learners: The impact of cognitive, ecological, and psychological factors in L2 comprehension. *Foreign Language Annals*, 52, 727−743.

Tunmer, W. E. & J. W. Chapman (2012) The simple view of reading redux: Vocabulary knowledge and the independent components hypothesis. *Journal of Learning Disabilities*, 45(5), 453−466.

Wong, Y. K. (2019) Role of decoding competence in the Chinese reading comprehension development of ethnic minority students in Hong Kong. *International Journal of Bilingual Education and Bilingualism*, 22(8), 1016−1029.

Xu, Y., L. Chang & C. A. Perfetti (2014) The effect of radical-based grouping in character learning in Chinese as a foreign language. *Modern Language Journal*, 98(3), 773−793.

Zhang, D. B. & S. H. Ke (2020) The Simple View of Reading made complex by morphological decoding fluency in Bilingual Fourth-Grade readers of English. *Reading Research Quarterly*, 55(2), 311−329.

Zhang, H. W. & L. Roberts (2019) The role of phonological awareness and phonetic radical awareness in acquiring Chinese literacy skills in learners of Chinese as a second language. *System*, 81, 163−178.

Ziegler, J. C. & U. Goswami (2005) Reading acquisition, developmental dyslexia, and skilled reading across languages: A psycholinguistic grain size theory. *Psychological Bulletin* 131(1), 3−29.

作者简介

郝美玲,博士,北京语言大学汉语进修学院教授。研究方向为母语与第二语言阅读习得与发展。Email:haomeiling@163.com。

孙真真,北京语言大学汉语进修学院硕士生。研究方向为国际汉语教育。Email:sunzz94@126.com。

曹晶晶,北京语言大学汉语进修学院硕士生。研究方向为国际汉语教育。Email:515683748@qq.com。

基于多元发展模式的留学生状语学习难度研究[*]

吴思娜

北京外国语大学中文学院

提　要　本文以典型副词位置、状语位置、状语顺序和标记词四种不同类型为切入点,采用纸笔测验的方法,考察了初中级学生对于四类状语项目的学习难度。结果发现:(1)留学生对四类状语项目的学习难度存在显著差异,从低到高的顺序为"典型副词位置＜状语位置＜状语顺序≈标记词";(2)欧美、日韩和东南亚学生的反应模式高度一致;(3)学生的个体差异与学习项目有关,不同项目上学生的变异不同;(4)不同项目发展的时间和进程不同。本文基于多元发展模式对研究结果进行了分析讨论,并对对外汉语教学提出了相应的建议。

关键词　多元发展模式　状语　学习难度　初中级　留学生

一　前言

学习难度是心理学研究的重要内容,也是第二语言习得中的重要问题(周小兵 2004)。它基于习得顺序研究,却又不同于习得顺序研究,更关注某个语言点对学生认知掌握的难易程度。影响学习难度的因素不仅包括目的语和学习者母语的语言结构,也包括学习者认知加工的水平和程度。以往通过比较两种语言的相同点和差异点预测学习难点的对比分析研究成果丰硕,但语言学家发现在很多情况下,对比分析法并不能准确地预测习得者的难点(Eckman 1996),于是开始关注学习者因素,探究学习者认知加工特点。偏误分析是自20世纪90年代以来比较常用的方法。研究者通过对学习者偏误产生的频率和持续时间的分析来推测学习难点,但这种方法的问题在于无法控制学习者的回避策略,因此有研究者开始用理论描述与学习内容相结合的方式获取信息。周小兵(2004)先分析了学习难度的测定方法和程序,然后据此研究了三个语言点的学习难度。

---

[*]　本研究为北京外国语大学一流学科建设项目"具身认知视角下汉语母语者与二语者隐喻加工研究"的阶段性成果。

随后,周小兵(2007)又根据二语习得理论,分析了越南人汉语语法点的学习难度。另外,也有研究者尝试用实验的方法探索学习者的认知加工过程。吴思娜(2013)采用句法判断和修改任务,考察了不同汉语水平及不同国家留学生对状语、定语和补语等不同句法错误的认知难度。洪炜、赵新(2014)通过实证研究考察了汉语二语学习者习得不同类型近义词的难度差异。纵观此类研究,数量还相当有限。鉴于此,本研究拟用实验的研究方法,探讨学习者对不同类型的状语项目的学习难度。

目前针对留学生状语学习的研究并不多,且多限于偏误分析的研究(黄露阳 2008;刘慧清 2005)。从研究内容上看,集中在多项状语的语序上,并没有对留学生状语的学习难度进行全面考察;从研究对象上看,多为单个国家的留学生,同时也没有区分不同的学习水平。本研究在检索"汉语中介语语料库"以及前人相关研究的基础上,拟从典型副词位置、状语位置、状语顺序、状语标记词"地"的隐现(以下简称"标记词")四类留学生比较熟悉又具有一定学习难度的状语项目入手,细致考察学生在不同项目上的学习难度。

理论方面,随着研究的不断深入,研究者们逐渐走出了普遍语法观的限制,开始以新的视角阐释二语学习过程。多元发展模式(Multidimensional Model)是 70 年代末由 ZISA 小组的几位学者提出来的,后来发展成为二语习得的理论模式,在整个 80 乃至 90 年代的影响都很大。Ellis 对这个模式给予了高度评价(王建勤 2009,231)。多元发展模式的理论价值不仅体现在它能够充分解释学习者语言的发展,而且还在于它构建了一个预测学习者语言发展的框架(Ellis 1994,387)。

多元发展模式认为第二语言发展具有阶段性。不同阶段具有严格的顺序,学习者不会跳过某一个发展阶段而直接进入下一个发展阶段。不同学习者的语言发展遵循相同的发展顺序;此外,学习者的语言发展还会出现明显的个体差异。这个理论不仅得到了德语、英语等拼音文字研究的证实(Pienemann, et al. 1988;Johnston 1986),同时也得到了日语和汉语研究的验证。Yoshioka & Doi(1988)应用多元发展模式对日语作为第二语言语素的习得情况进行了研究。另外,孙书姿(2004)也运用此理论对韩国留学生汉语离合词的加工过程进行了考察。基于此模型,本研究拟探讨如下几方面问题:学生对不同状语项目的认知难度是否存在差别?不同背景学生的认知模式是否相同?不同项目上的个体差异情况如何?学生在不同状语项目上的发展速度是否相同?

二 研究过程

2.1 研究目的
考察初、中级留学生对四类不同状语项目的学习难度。

2.2 研究对象

北京某高校 63 名短期进修留学生参加了此项研究,分为 A、B、C 三个水平。所有学生在编入班级之前都经过了学院组织的分班考试,根据考试成绩将其编入相应的班级。A 班是最低级别,属于基础和初级水平,相当于 HSK 一级水平;B 班是较 A 班稍高的一级,相当于 HSK 二到三级水平;C 班可以达到 HSK 三到四级水平。A 班有 26 名学生,B 班有 18 名学生,C 班有 19 名学生。来自欧美国家的学生 26 名,占总人数的 41%,分别来自德国、英国、法国、芬兰、瑞典、西班牙、比利时、匈牙利、乌克兰等国家;来自东南亚国家的学生 20 名,占总人数的 32%,分别来自马来西亚、泰国、印度尼西亚等国家;来自日本、韩国的学生 17 人,占总人数的 27%。

2.3 研究材料

汉语状语的种类很多,因此在一篇研究中无法穷尽不同类别。由于本研究关注留学生的状语学习规律,我们结合 HSK 动态作文语料库和学生作文资料,特别挑选了在学生状语学习过程中经常出现的偏误类型,并基于此探讨学生状语学习的难易度。

实验材料选择"典型副词位置""状语位置""状语顺序"以及"标记词"四种类型。这几种类型虽然都与状语的位置有关,但是它们的侧重点有所不同。"典型副词位置"关注单个副词的使用情况,比如"都""很""也""没"等词的位置使用错误,选择项为单个副词;"状语位置"关注表示时间、处所、情态、对象等状语的使用情况,选择项一般是短语;"状语顺序"一般涉及两个状语,考察学生对于两个状语相对位置的判断;最后"标记词"主要考察学生对于标记词"地"的隐现的掌握情况。因此,这四种不同类型既有联系,又各有侧重。

实验材料为 34 个句子,其中实验句子 24 个,包括四种类型:典型副词位置、状语位置、状语顺序和标记词。句子长度 7~15 个词,平均每句 10 个词。句中包含的字词均来自《汉语等级大纲》中甲级和乙级词,并标注了拼音。句子内容均与留学生熟悉的日常生活相关。材料在实验前由留学生的任课教师进行评定,确定为留学生已经学习的知识,在实验过程中学生如果有不确定意思的词语,可以向老师提问,以尽可能减少生词对实验结果造成的干扰。

另外有 10 个无关句子作为填充材料。填充材料均为留学生日常使用的汉语句子,难度极低,所有学生都能达到很高的正确率,并且与要考察的状语项目无关。填充材料的目的和作用在于一方面可以检查学生对待测验的态度,另一方面能防止学生猜出研究者的意图,影响实验结果。

34 个句子的呈现顺序进行随机化处理。在正式测验之前,分别找了 A、B、C 班不参与正式测验的学生进行了预测,并对测试材料进行了修改。研究材料举例见表 1。

表 1 研究材料举例

状语项目	词语	句子
典型副词位置	dōu 【都】	Xuéxiào lǐ dàochù shì wàiguórén。 □学校里□到处□是□外国人□。
状语位置	zài Běijīng Dàxué 【在北京 大学】	Wǒ xuéxí Hànyǔ。 □我□学习□汉语□。
状语顺序	yídìng 【一定】	Wǒ rènzhēn xuéxí Hànyǔ。 □我□认真□学习□汉语□。
标记词	de 【地】	Tā gāogāoxìngxìng chūqu le。 □她□高高兴兴□出去□了□。

2.4 设计与程序

本研究为3(汉语水平)×4(状语项目)两因素混合设计。其中汉语水平为被试间因素,分为A、B、C三个水平;状语项目为被试内因素,包括典型副词位置、状语位置、状语顺序、标记词四个项目。

首先将句子分成4～5个短语,在短语之间放置方框,要考察的目标项目放在句子前面,学生需要为特定的状语项目选择合适的位置,并在方框中打钩。每题可选择的位置为4～5个。整个测验没有时间限制。数据分析采用SPSS19.0统计软件。

三 研究结果

3.1 不同级别学生四类项目正确率

填充材料的正确率较高,为0.85,说明学生的做题态度比较认真。不同水平的学生在不同项目上的平均数见表2和图1。数据显示,不同项目的正确率是不同的。为了检验其差异,我们进行了方差分析。

表 2 不同水平学生四类项目正确率及标准差

状语项目	正确率(标准差)			
	A班	B班	C班	平均正确率
典型副词位置	0.73(0.21)	0.94(0.11)	1(0)	0.89
状语位置	0.69(0.26)	0.78(0.22)	0.94(0.13)	0.80
状语顺序	0.43(0.22)	0.53(0.25)	0.79(0.14)	0.58
标记词	0.41(0.23)	0.61(0.25)	0.64(0.21)	0.55

对正确率进行重复测量方差分析的结果显示,状语项目主效应显著($F_{(4,240)}=52.78$, $p<0.001$)。汉语水平主效应显著($F_{(2,60)}=19.63$, $p<0.001$)。汉语水平与状语

项目交互作用不显著($F_{(8,240)}=1.76, p>0.05$)。这说明不同项目之间的成绩差异明显，不同水平之间的成绩差异也明显。为了进一步明确差异点，我们进行了多重比较。

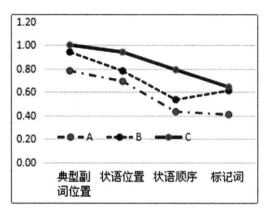

图1　不同水平学生四类项目正确率

多重比较分析结果显示，"典型副词位置"正确率明显高于"状语位置"($p<0.05$)，"状语位置"的正确率明显高于"标记词"和"状语顺序"($p<0.05$)，"标记词"和"状语顺序"成对比较差异不显著($p>0.05$)。这四类项目正确率从高到低的顺序为：典型副词位置＞状语位置＞状语顺序≈标记词。不同级别学生的多重比较显示，C班成绩高于B班($p<0.05$)，而B班成绩则高于A班($p<0.05$)。

3.2　不同地区学生四类项目正确率

按照学生的背景，将学生分成欧美、日韩和东南亚3个小组。对这3个小组学生的学习难度分别进行考察，结果见表3。

表3　不同地区学生四类项目正确率及标准差

状语项目	正确率(标准差)			
	欧美学生	日韩学生	东南亚学生	平均正确率
典型副词位置	0.85(0.23)	0.95(0.12)	0.83(0.18)	0.88
状语位置	0.75(0.25)	0.85(0.23)	0.77(0.25)	0.79
状语顺序	0.52(0.25)	0.65(0.27)	0.56(0.23)	0.58
标记词	0.52(0.24)	0.61(0.22)	0.5(0.25)	0.54

方差分析结果表明，项目主效应显著($F_{(3,177)}=46.00, p<0.001$)。多重比较得知，"典型副词位置"正确率高于"状语位置"($p<0.05$)，"状语位置"正确率高于"状语顺序"和"标记词"($p<0.05$)，后两者差异不显著($p>0.05$)。具体可写为：典型副词位置＞状语位置＞状语顺序≈标记词。

地区效应不显著($F_{(2,57)}=1.61, p>0.05$),欧美、日韩和东南亚学生之间没有明显差异。交互作用不显著($F_{(9,177)}=0.74, p>0.05$),说明不同背景学生的发展模式相似。见图2。

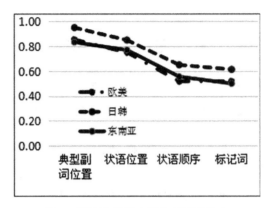

图2　不同地区学生四类项目正确率

3.3　不同水平学生四类项目上的差异

为了探讨不同水平学生在四类项目学习上的难度差异,本研究将每个层级学生按从高至低顺序排列,选出前、后各三分之一的学生分别作为高、低水平组。对每个层级高、低水平学生的各个项目的成绩进行计算。见图3。统计结果显示,每个层级的高、低水平学生都表现了明显差距(A:$F_{(1,16)}=94.41, p<0.001$;B:$F_{(1,10)}=32.22, p<0.001$;C:$F_{(1,10)}=55.39, p<0.001$)。

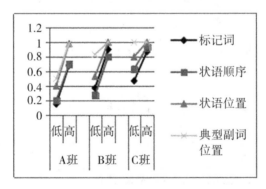

图3　不同层级高、低水平学生四类项目正确率

不同项目上高、低水平学生的差距是否相同?本研究对每个级别,每个项目上高、低水平学生的差距进行了分析。图4显示了每个层级高、低水平学生在四个项目上的差异状况。从图中可以看出,对于"标记词""状语顺序"项目,A班、B班高、低水平的差异都大于C班;而"状语位置""典型副词位置"项目,A班的差异大于B班,B班的差异大于C班。这说明,不同项目上高、低水平学生的差距是不同的。

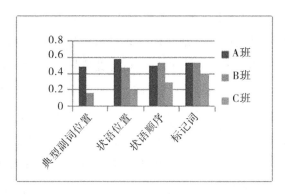

图 4　不同层级高、低水平学生四类项目差异

四　讨论

4.1　认知难度与多元发展模式

多元发展模式认为,二语学习者对于不同语法项目的学习难度不同。ZISA 项目组在德语作为第二语言的研究中发现,优先习得的是语言中的典型结构,比如 SVO 语序,然后是副词前置(ADV),接下来是动词分离(SEP),随后是倒装(INV),最后是动词结尾(V-END)(王建勤 2009,236－237)。日语作为二语的研究也发现,学习者在日语小品词"wa,ga,o"的学习上也存在难度和学习顺序的差异,"wa,o,ga"的难度逐渐增加,习得时间逐渐加长(Yoshioka & Doi,1988)。虽然多元发展模式认为语言项目的学习难度不同,但是并未细化至某一具体的语言项目内部,比如不同的状语类项目。通过考察留学生对四类汉语状语项目的习得情况,我们发现,四种不同类型状语项目的学习难度不同。正确率从高到低的排列顺序是:典型副词位置＞状语位置＞状语顺序＝标记词。这说明,对于留学生来说,这四类不同的状语项目的学习难度有差别。"典型副词位置"项目的难度最小。在学习半年左右的时间(B 班水平)后,学习者的正确率就接近百分之百,学习一年至一年半以后(C 班水平)已完全掌握。其次是"状语位置"项目,C 班时正确率可以接近百分之百(94％)。比较难掌握的是"状语顺序"和"标记词",二者统计检验没有明显差异,并且在达到 C 班时仍然没有完全掌握。

这可能是因为,本研究中考察的"典型副词位置"中的副词一般置于动词前,意义相对简单,位置相对固定,规则化较明显,因此,对于学生而言,这类项目比较容易掌握;而"状语位置"因为涉及状语的前置问题,并且这种顺序同某些语言,如英语、德语、马来语都是不同的,因此学习的难度有所增加,学习者习得此类状语的时间更晚,难度更大。但比起其他两类的难度,"状语位置"项目应该算低的。

"状语顺序"和"标记词"是学生最难掌握的状语项目。从多元发展模式的发展阶段来看,我们分析此类项目已经进入更细致地对句内结构进行调整的阶段,属更高的发展阶段,但模型对此并没有详细地说明。我们分析在此阶段,学习者需要更多应对母语加工的影响。状语前后顺序的学习易受母语影响,正、负两种迁移同时存在,需要学习者不断整合母语和二语信息。另外,此阶段的学习内容需要占据学习者更多的认知资源。二语学习者的记忆组块较小,对初级学习者更是如此。这使他们常常无法对两个状语同时进行加工。再者,学习者无法抽取汉语状语语序规则也使这部分内容难于掌握。而"标记词"的规则化程度不高,学生只能通过大量的范例获得语感,习得这部分内容,但是初、中阶段的学生还无法满足这一条件,因此,此类项目的学习难度最大。

4.2 学习顺序与多元发展模式

多元发展模式认为,某些语言特征的发展有内在的顺序,这种顺序既不受学习者个体因素的影响,也不受学习环境的影响。第二语言学习者的语言发展模式具有高度的一致性,即遵循共同的发展顺序。该理论认为虽然不同语言在结构和语序上会有差别,但因为制约学习者的语言处理策略和这些策略所形成的制约是大致相同的,它控制着语言的发展顺序,因此,不同国家学生的发展顺序应该类似。通过研究我们的确发现,欧美、日韩和东南亚学生的反应模式高度一致。这说明状语的学习过程更多反映了学习者认知加工的特点和阶段性,同时也与汉语的语法结构有一定的关系。另一方面,我们也发现,各种不同类型的状语项目发展速度不相同。"典型副词位置"在 B 班时已发展完全;"状语位置"和"状语顺序"项目从 A 班到 B 班时发展不明显,从 B 班到 C 班有一个比较明显的进步;"标记词"从 A 班到 B 班时有了一定的进步,但是从 B 班到 C 班时进步很微小,C 班时的正确率仍然不足 80%。从上述分析我们可以看出,不同状语项目的难度不同,发展的速度也不同。

4.3 个体差异与多元发展模式

多元发展模式特别强调发展的个体差异。个体差异是指学习者第二语言能力的发展具有个体差异,学习者的个体差异由外部的社会心理因素导致(王建勤 2009,238)。如图 5 所示,A 和 B 处于第 5 个发展阶段,C 和 D 处于第 4 个发展阶段,E 和 F 处于第 3 个发展阶段,同时,图 5 也反映了处于相同发展阶段的学习者之间的个体差异。A 和 B 之间、C 和 D 之间以及 E 和 F 之间都存在个体差异。但是该模式并未预测不同项目上个体差异的大小以及不同发展阶段上差异的大小。

那么在本研究中这种差异是否存在,且这种差异在不同级别或不同项目上的表现是否相同?通过分析我们发现,在本研究中这种差异的确存在,且这种差异在不同级别或不同项目上的表现不同。每个层级高、低水平学生都显示了一定的差距。从总体表现来看,A 班学生的差距大于 B 班,B 班大于 C 班。同时,不同项目上的差距不同。有些项目如"状语位置"和"典型副词位置"的差距随着级别的增高逐渐缩小。但也有些项目如"标记词"和"状语顺序"在 A 班和 B 班上,差距没有任何明显变化,只是在 C 班上差距变小。这样的结果表明在状语学习过程中,个体差异是普遍存在的。不仅如此,不同级别的学生随着学习和认知阶段的不断发展,个体差异的表现也不同。随着状语项目的不断习得,高、低水平学生的差距呈缩小趋势。整体来说,个体差异不仅与学习阶段有关,也与学习项目有关,不同项目上学生的变异明显。这样的结果也验证了多元发展模式关于个体差异的假设。

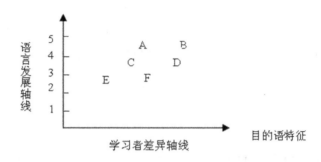

图 5　多元发展模式的两个维度(引自王建勤 2009,238)

五　教学启示

5.1　合理安排状语教学顺序

状语不同项目的学习是有难度差别的。教育者和教材编写者首先要了解这些差别,才能科学、合理地安排状语教学顺序。状语学习最好按由易到难的顺序进行。在学生没有较好地掌握容易的项目之前,不要过分地强调和关注较难的语言项目的教学。Pienemann(1984)的研究发现,学习者不能跨越学习阶段,学习者只有在"心理语言准备"(psycholinguistically ready)就绪时,才能学习某一语言项目,教学才能促进语言习得。Pienemann(1984)还讨论了教学超前于学生的学习阶段可能带来的后果。他认为超前教学引起的后果之一就是诱发学生的回避行为,从而给语言习得带来消极影响(转引自王建勤 2009,252)。因此,合理规划教学项目、恰当安排教学内容需要引起教育者和教材编写者高度的重视。

5.2　根据学习阶段确定教学重点

不仅是学习的顺序问题需要注意,不同阶段的训练重点不同也是一个不容忽视的问题。从研究中我们可以看到,不同语言项目的学习难度不同,这就要求教师在教学时考虑教学对象的语言水平和教学项目的复杂度等问题。比如"典型副词位置"项目的学习难度较低,因此,这一项目可以作为 A 班学生的教学重点,"状语位置"的学习难度稍高,B 班的教学则可有侧重地强调"状语位置"类,对于"典型副词位置"项目,教师则不需多讲,因为学生已经比较好地掌握了这个项目。"状语顺序"的成绩虽然在 B 班阶段得到了一定程度的提高,但总体来说,即便对于 C 班的同学,这个项目也是难度较大的,因此可作为 C 班的教学重点。另外"标记词"是学习难度最大的项目,即使到了 C 班,这个项目仍然无法完全掌握,可以考虑放在 C 班后期或者更高一级学习。

虽然不同的语法项目本身确实存在难易之分,不同学习阶段的教学重点应有所区别,但是二语学习毕竟不同于一语学习,是学习和习得共同作用的过程。教学环节非常重要且关键,教师不能一味地强调和突出语法项目难度,过分关注习得的顺序性,也需要发挥教学的积极影响。在考虑到学生语法学习难度的同时,有选择地教授一些下阶段的语言项目,对于学生的学习而言是有帮助的。

参考文献

洪 炜、赵 新(2014)不同类型汉语近义词习得难度考察,《汉语学习》第 1 期,100—106 页。

胡培安(2006)汉语句型难度等级制约因素综合考察,《海外华文教育》第 2 期,53—59 页。

黄露阳(2008)外国留学生副词"就"的偏误分析,《广西民族大学学报(哲学社会科学版)》第 6 期,171—174 页。

刘慧清(2005)初级汉语水平韩国留学生的时间词使用偏误分析,《暨南大学华文学院学报》第 3 期,19—27 页。

孙书姿(2004)《韩国留学生习得汉语双音节 VO 型离合词的言语加工策略》,北京语言大学硕士论文。

王建勤(2009)《第二语言习得研究》,商务印书馆。

吴思娜(2013)韩国及马来西亚学生句法认知难度初探,《语言教学与研究》第 2 期,26—33 页。

周小兵(2004)学习难度的测定和考察,《世界汉语教学》第 1 期,41—48 页。

周小兵(2007)越南人学习汉语语法点难度考察,《云南师范大学学报(对外汉语教学与研究版)》第 1 期,1—7 页。

Eckman, F. (1996) A functional-typological approach to second language acquisition theory. In William C. Ritchie and Tej K. Bhatia (ed.) *Handbook of Second Language Acquisition*, 195—212, New York: Academic Press.

Ellis, R. (1994) *The Study of Second Language Acquisition*, Oxford: Oxford University Press.

Johnston, M. (1986) Second language acquisition research in the adult migrant education program, In Johnston, M. & M. Pienemann (eds.) *Second Language Acquisition: a Classroom Perspective*, 33—47. New South Wales: Migrant Education Service.

Pienemann, M. (1984) Psychological constraints on the teachability of languages. *Studies in Second*

Language Acquisition, 6:186—214.

Pienemann, M., M. Johnston & G. Brindley(1988) Constructing an Acquisition-Based Procedure for Second Language Assessment. *Studies in Second Language Acquisition*, 10:217—243.

Yoshioka, K. &T. Doi (1988) Testing the Pienemann-Johnston model with Japanese: a speech-processing view of the acquisition of particles and word order. Paper presented at the 8th Second Language Research Forum, Hawaii, University of Hawaii.

作者简介

吴思娜:女,辽宁沈阳人,北京外国语大学中文学院副教授,研究兴趣为汉语作为第二语言习得与认知加工。Email: wusina@bfsu.edu.cn。

韩国留学生句切分标记策略对汉语阅读的影响研究

王 蕾

北京大学对外汉语教育学院

提　要　标记策略是二语阅读策略中支持策略的一种,可帮助阅读者及时获取阅读材料的意义,保证阅读的流畅性。韩国留学生常用的标记策略是句切分标记策略,即阅读中使用符号切分句子的方法。为考察这一阅读策略的使用情况及对汉语二语阅读的影响,本研究采用了自然语料统计与实证研究的方法。结果发现：句切分标记策略是韩国留学生普遍使用的阅读策略；使用句切分标记策略可以促进韩国留学生的汉语阅读理解水平；中级水平韩国留学生使用这一策略对句子的切分长度显著低于高水平者。研究结果可以在认知负荷理论框架下得到较好的解释,教学中也可参照这一结果指导韩国留学生适当使用该策略。

关键词　句切分标记策略　阅读　汉语二语　韩国留学生

一　引言

所谓二语阅读策略,指的是"学习者为解决二语阅读中的困难所采取的有意识的行为"(Johnson & Johnson 1999,333)。二语阅读策略方面的研究是学习策略研究的重要领域(李炯英、浦一婷 2017),也是二语习得研究的重要组成部分,不仅具有理论意义,还可用以指导二语阅读教学、提高学习者的阅读效果,具有实践价值。

Mokhtari & Sheorey(2002)将二语阅读策略分为三大类：全局阅读策略(global reading strategies)、问题解决策略(problem-solving strategies)和支持策略(support reading strategies)。其中,"支持策略"是阅读者理解文本普遍使用的方法,其中包括画线或做其他标记、自我提问、出声朗读等 9 种具体操作。做标记是重要的支持策略,它可以使阅读者及时获取阅读材料的意义、保证阅读的流畅性(Sarig 1987；Mokhtari & Sheorey 2002；Mokhtari & Reichard 2002)。有研究者将阅读中对文本进行标记的策略命名为"标记策略"(钱玉莲 2006)。研究中,标记策略常被作为支持策略的一个组成部分进行考察,通过使用阅读策略量表并发放调查问卷的方式探究不同阅读水平、不同阅读目的、不同介质等条件下,二语阅读者使用全局阅读策略、问题解决策略和支持策略的差异(Carrell 1989;Mokhtari & Reichard 2002;Zhang & Wu 2009 等)。此类研究发现,标记策略是在英语、法语、汉语及阿拉伯语等二语阅读时位列前三甚至居于首位的一种支持策略(Mokhtari & Reichard 2002;Zhang & Wu 2009;Alhaqbani & Riazi 2012;Li & Kaur 2014;Al-Mekhlafi 2018 等),使用此类策略意味着阅读者会使用辅助手段提高阅读理解能力(Mokhtari & Reichard 2002)。

也有研究者考察使用标记策略与二语水平之间的关系。研究显示,韩国留学生使用这一策略与其汉语水平考试成绩显著相关(钱玉莲 2006,2010)。英语二语研究结果也与此类似:与阅读未经标记的原始文本相比,被试阅读具有信息标记的英语二语文本,读后回忆成绩更好(周殿军 2009)。但有的研究却表明,中国大学生使用标记策略与英语二语阅读成绩无显著相关(Li & Kaur 2014)。可见,标记策略与阅读理解成绩之间的关系似乎尚无定论,进一步来说,使用标记策略是否会影响阅读理解更是有待考察的问题。

标记策略不仅是研究者关注的问题,具体到汉语二语教学实践中,汉语教师也注意到一些学生,特别是韩国留学生会自觉使用标记策略,例如画圈或用下划线突出关键词、使用符号对句子进行切分等。其中使用符号切分句子,使之由一个长句变成一系列语言成分的组合是常见策略(见图1)。具体分析后可以发现,这种切分既不是逐字或者逐词的切分,也不是句子主要成分的划分,且不同阅读者的切分并不一致,个体差异较大。这种阅读策略的特点是句内切分,而不是段落内或篇章内结构层次的划分,我们可以称之为"句切分标记策略"。这种策略不同于标识、突出关键词的方法,主要目的是将线性排列的句子切分成长短不一的多个部分。其切分的结果,实际是阅读者如何进行汉语二语阅读、如何解决阅读困难的一种表现。

造成男生就业压力大的原因|主要|集中在|大学毕业生增多、

图 1　韩国留学生句切分示例 1

那么作为汉语二语阅读中的常见现象,这种句切分标记策略在韩国留学生中是否确实普遍存在?不同水平的韩国留学生使用句切分标记策略时是否存在差异?使用这一策略能够促进汉语阅读抑或仅仅是无效的阅读方法?以往研究一般将凸显关键词等 9 种"标记策略"或者其中的几项作为一大类策略进行研究,针对其中句切分标记策略的研究尚不多见,在以上问题的基础上探讨句切分标记策略背后的阅读实质,并从理论上予以解释,不但可以进一步丰富二语阅读策略方面的研究成果,还可为汉语二语阅读教学提供有益的参考。

二 理论基础

认知负荷理论(Cognitive Load Theory)是认知心理学家 John Sweller 在 20 世纪 80 年代提出的一个心理学理论(陈巧芬 2007;李炯英、浦一婷 2017)。该理论以早期心理学家 Miller 的工作记忆理论、信息处理模型为基础,考虑到工作记忆和长时记忆之间的关系,试图通过设计各种教学指导方法,减轻学习者的认知负荷,使认知加工资源充分应用到学习中去(van Merrienboer & Sweller 2005;刘连娣 2006;Sweller 2016 等)。该理论认为,认知负荷分为三类:内在认知负荷(intrinsic cognitive load)、外在认知负荷(extraneous cognitive load)和关联认知负荷(germane cognitive load)。内在认知负荷是关于信息复杂度的,是元素间交互(学习材料、学习任务等)形成的负荷,取决于学习材料的性质和学习者的专业知识、工作记忆容量等;外在认知负荷是材料的呈现方式以及任务形式带来的负荷;关联认知负荷则是有助于图式构建和自动加工的负荷,主要来源于学习者一些促进学习的活动,比如阅读时记笔记、对别人讲述学过的内容等。(Sweller et al. 1998;van Merrienboer & Sweller 2005;Melina et al. 2017 等)。为降低认知负荷总量,防止工作记忆"超负荷",实现对学习材料的有效加工,达到学习目的,应该尽可能优化内在负荷,减少外在负荷,"增加"关联负荷(Sweller 2010)。

根据这一理论可以认为,二语阅读材料本身给学习者带来的是内在负荷,是给阅读者造成理解困难的原因之一,而使用有效的阅读策略是通过操纵关联认知负荷降低负荷总量的一种手段,可以促进阅读理解。此外,长篇的阅读材料给二语阅读者带来了较大的内在认知负荷,通过采用句切分标记策略,阅读者在形式上将较长的句子切分为更小的单位,在视觉上和信息加工上都成为更小的元素,实际上是在一定程度上改变了阅读材料的呈现方式,使工作记忆不必同时处理过多元素,降低了外在认知负荷,使得认知负荷总量被降低,可能有助于阅读理解(van Merrienboer & Sweller 2005;Sweller 2010)。

此外,认知负荷理论认为,合理的教学指导可以降低外在负荷,使学习者有更多的信息加工资源投入到学习材料分析、学习任务完成中去,能够降低学习者学习过程中的总负荷。如果可以证明句切分标记策略能够促进阅读理解水平,也说明这是降低学习者外在认知负荷的一种有效教学手段。

三 研究设计

3.1 研究问题

如前所述,对不同句切分标记策略的详细分析,是一项重要的工作。本研究试图进

一步探讨韩国留学生句切分标记策略的使用情况,具体解决以下三方面问题:

第一,不同水平韩国留学生使用句切分标记策略的情况如何,即句切分标记策略是否为韩国留学生普遍使用的策略?

第二,不同水平韩国留学生使用句切分标记策略时,对句子进行切分的长度如何?

第三,韩国留学生使用句切分标记策略是否影响阅读理解?

3.2 总体研究设计

本研究将以两种方法对以上研究问题进行探讨,首先,通过自然语料统计的方法了解韩国留学生句切分标记策略的实际使用状况,以考察该策略是否为韩国留学生普遍使用的一种策略以及在自然使用时对句子切分的长度;然后通过实证研究的方法,进一步探讨实验条件下不同水平的韩国留学生使用句切分标记策略时的切分长度以及与阅读理解水平之间的关系。通过自然使用条件下的数据统计与实证研究相结合的方法,可以较为全面地了解韩国留学生使用句切分标记策略的情况。

四 研究过程

4.1 自然语料统计

自然语料统计旨在考察自然状态下(即非实验条件下的阅读状态),不同水平韩国留学生在阅读汉语文本时句切分标记策略的使用情况。具体解决的两个问题是:首先,使用这一策略的韩国留学生所占比例如何;其次,不同水平的韩国留学生对句子的切分长度是否存在差异。

4.1.1 语料来源

本研究收集了北京语言大学汉语速成学院低、中、高三个水平韩国留学生四个学期期中、期末阅读试卷中的成段阅读理解题,题目均为选择、判断等客观题,无开放性主观题。初级水平为 A、B 班,中级水平为 C、D 班,高级水平为 E、F 班。共收集到阅读试卷 204 份,其中初级 101 份,中级 62 份,高级 41 份。

4.1.2 实施过程及结果

首先考察句切分标记策略使用情况。在统计过程中,只要试卷内有一处句内使用明显的句切分标记的(如"/"、连续的"　"、连续的"＿＿＿"中的一个标记[①],见下图 2 示例),即在视觉上显示出对句子进行了切分,就算作使用了句切分标记策略。结果显示,总体来看 97.51% 的韩国留学生使用了句切分标记策略。高级阶段的使用率最高,为 100%,中级阶段为 96.77%,初级阶段为 95.05%。由此可见,句切分标记策略是韩国留学生普遍使用的阅读支持策略,在初、中、高级阶段的使用率都非常高。

图 2　韩国留学生阅读标记示例 2

然后考察句切分长度情况。为进一步考察不同水平的韩国留学生使用句切分标记策略的差异,研究中对所收集的 204 份阅读试卷再次进行筛选。选择标准如下:

1. 一篇阅读材料后附的答题完成量在 80% 以上,例如,5 个选择题完成 4 个以上。这一标准用以淘汰因考试时间不充裕、其他原因未作答造成的未完答卷;

2. 一篇阅读材料中有 3 处以上在句内用上述标记进行句切分的(不含在标点处的切分);

3. 一份试卷中多个符合上述要求的,选择段落最长的一篇。

按照以上标准,本研究共收集到 69 篇有句切分标记的考试阅读材料。其中,初级水平 25 篇,中级水平 24 篇,高级水平 20 篇,共计 18,575 字。

两名汉语教师参加了统计工作,分别计算了阅读材料的字数和句切分的块数。在句切分块数计数开始之前确定标准:首先,先按标点计算原始分句数,即统计除引号之外的其他标点句中、句末标点数。其次,"/"的前后算两个,"　　""＿＿＿"中的算一个组块,其中"＿＿＿"划分的界限以语义为准。例如,图 3 中记为"但是/风景很漂亮,房子南边/有山有水",共 4 个组块。根据以上两个步骤可以计算每篇阅读材料的总块数。值得一提的是,操作时区分句切分标记和关键词标记,关键词标记不算作一个组块,如图 4 句子记为两个组块[②]。

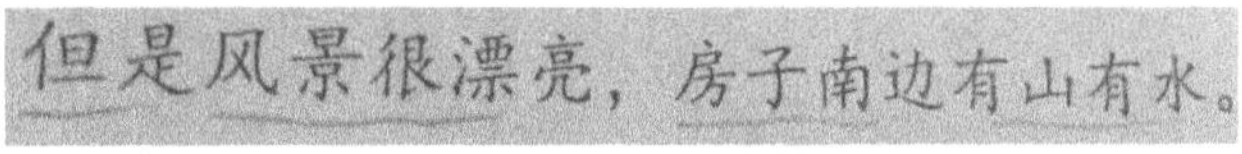

图 3　韩国留学生阅读标记示例 3

图 4　韩国留学生阅读标记示例 4

本研究将各篇阅读材料的平均句切分长度定义为:该篇阅读材料的总字数/该篇总块数。统计软件 SPSS 20.0 计算结果显示(见表 1),初、中、高三个水平的平均句切分长度分别为 7.94 字、8.90 字、6.91 字,其中高级水平韩国留学生切分长度离散程度较小($SD=1.87$)。单因素方差分析结果表明,组间差异边缘显著($F=2.244, df=2, p=.114$)。事后分析显示,初级水平的切分长度与中级水平、高级水平组块长度均无显著差异($p=.286, p=.270$),但高级水平的切分长度与中级水平差异显著($p=.038, p<.05$)。也就是说,高级水平韩国留学生使用句切分标记策略时,平均句切分长度显著低于中级

水平韩国留学生。

表1 韩国留学生阅读材料切分情况

	篇数	总字数	平均句切分长度(M±SD)
初级水平	25	6,374	7.94(3.34)
中级水平	24	6,242	8.90(3.58)
高级水平	20	5,959	6.91(1.87)
合计	69	18,575	7.97(3.15)

4.1.3 小结

通过考察不同水平韩国留学生的汉语阅读试卷,在自然状态下韩国留学生使用句切分标记策略的总体比例为97.51%,且高级水平使用者比例最高。这说明韩国留学生具有使用这一阅读策略的习惯,而高级水平的考卷难度较大,内在认知负荷最大,使用比例也就最高。此外,对使用句切分标记策略的篇章进行进一步考察发现,初、中、高级韩国留学生使用该策略后所得到的平均切分长度并不一样,高级水平的切分长度显著低于中级水平,这可能是因为,高级水平学习者面对的是较正式的语体、更为困难的阅读材料,需要缩小加工长度来减轻认知负荷、增进理解。同时,高级水平韩国留学生切分长度离散程度较小,说明高级水平韩国留学生切分长度较为平均,切分习惯较为一致。但是,从以字为单位计算的切分长度来看,初级水平与中级水平、高级水平切分长度均无显著差异,这一结果似乎较难得到合理解释,可能主要因为初、中、高级水平的试卷内容不同。

通过自然状态下的统计分析,可以较为全面地了解韩国留学生使用句切分标记策略的比例,也可以发现使用者在切分长度上可能存在一定的差异。但是由于考卷中阅读材料的内容不一致、难度不一致,所得到的切分长度结果解释力不足。同时,考卷内容不一致也使得无法进行成绩的比较,从而难以探究句切分标记策略对阅读理解水平的影响。因此设计相应的实验进行实证研究是十分必要的。

4.2 实证研究

4.2.1 研究问题

针对自然状态下统计产生的上述问题,实证研究部分将主要解决两个问题:

第一,使用句切分标记策略是否对韩国留学生阅读理解成绩产生影响?

第二,不同水平的韩国留学生使用句切分标记策略时句切分长度是否存在差异?

4.2.2 实验设计

本研究采用2×2两因素被试间实验设计,其中一个被试间因素为汉语水平,分为中级、高级两个水平③,另一个为策略使用情况,分为使用、不使用句切分标记策略两个水平,因变量为被试的阅读测试成绩。

实验材料选取阅读理解材料10段,每段后附选择题2个。为防止问题类别不同带来的难度差异,选取实验材料时对问题类别进行了控制。要求其中一个为总结性问题(如:"这段话主要谈的是……""这段话主要想告诉我们……"等),一个为细节性问题(如:"喜欢穿白色衣服的女孩子在生活中……"等)。所有实验材料均为说明文体,均来自HSK四级真题或模拟题(王尧美2012;孔子学院总部/国家汉办2015),平均每段字数为113.7字。

4.2.3 被试

参加此次实验的共有韩国留学生55人,其中男生15人,女生40人。所有被试均参加过入班分级测试(郭修敏2017),其中阅读测试成绩分布在27~43分之间。本实验中将27~35分的学生定义中级水平,共27人;36~43分的学生定义为高级水平,共28人。独立样本t检验结果显示,中、高级水平被试分级测试成绩有显著差异($t=-11.715$, $df=53$, $p<.05$)。中级水平被试中14人被要求使用句切分标记策略,13人不用;高级水平被试14人被要求使用以上策略,14人不用。

4.2.4 实验过程

将10段实验材料进行随机处理后发放给被试。所有被试均需在课堂上或者课下教师监督下完成阅读,并回答相应的问题,时间控制在30分钟之内。所不同的是,28名被试的指示语为"读后回答问题。阅读建议:读时请一定要使用画线做标记的方法帮助阅读。如:'我今天上午出门的时候/遇到了/一个在国外上学时认识的朋友。'上句也可划为'我今天出门的时候遇到了/一个在国外上学时认识的朋友。'根据个人需要画线,位置随意。"其余27名被试的指示语为:"读后回答问题。请注意不要在阅读材料上写、画。"实验开始前教师宣读要求,并确认全部被试理解指示语。实验结束后根据答案计分,每选对1题记1分,同时统计使用句切分标记策略的被试对阅读材料进行切分的长度。实验完成后,对部分参与实验的被试进行了简短的访谈。

4.2.5 实验结果

首先,对阅读测试成绩进行分析。所有被试均完成全部试题,总体平均分为15.56(见表2)。配对样本t检验显示,被试成绩在总结性问题与细节性问题无显著差异($t=1.251$, $df=54$, $p=0.216$),说明两类试题的难度近似,可统一计分。进一步方差分析结果显示,汉语水平主效应显著($F=29.349$, $df=1$, $p<.05$),这说明高级水平的韩国留学生阅读成绩显著高于中级水平者。此外,策略主效应显著($F=15.99$, $df=1$, $p<.05$),也

就是说使用策略的被试阅读成绩显著高于不使用策略者,使用策略有利于提高阅读成绩。但是策略与水平的交互作用不显著(F=1.191,df=1,p=0.28)。

表2　被试成绩描述性统计结果(M±SD)

	中级水平	高级水平	
对照组	13.21(2.54)	15.64(1.45)	
实验组	14.85(2.61)	18.50(1.45)	
合计	14.43(2.38)	16.74(2.78)	15.56(2.81)

其次,对句切分长度进行统计分析。结果发现,28名被试按照实验要求使用了句切分标记策略,中级水平者平均切分长度为6.57字,高级水平者为7.67字。独立样本t检验结果显示,二者存在显著差异(t=2.591,df=26,p=.015),中级被试在使用句切分标记策略时所切分的长度显著低于高级水平者,也就是说,同样长度的阅读材料中级水平被试切分的块数更多,切分更为精细。

4.2.6　小结

从实证研究结果可以看出,对于中、高级韩国留学生而言,使用句切分标记策略的被试阅读测试成绩显著高于对照组。同时,中级水平者的切分长度显著低于高级水平者。实证研究在一定程度上克服了自然语料统计中存在的阅读材料不一致、成绩无法比较的问题,可以较为肯定地认为,中级水平的韩国留学生在使用句切分阅读策略后的切分长度显著低于高级水平者。这说明,同样难度的阅读材料给中级学习者带来的内在认知负荷较大,需要切分至较小的单位才能理解。

4.3　研究结果

为探究韩国留学生句切分标记策略的使用是否普遍、不同水平的留学生切分长度有无差异以及与使用这一策略对阅读理解成绩的影响三方面的问题,本研究进行了自然语料统计和实证研究。前者主要解决了第一个问题,发现初、中、高三种水平的留学生在进行阅读时均有使用句切分标记策略的习惯,且各水平使用比例都较高。从自然语料统计中还可以初步推测,不同水平的韩国留学生在切分长度上并不相同,中级水平学生切分长度显著高于高级水平,其他水平上两两均无显著差异。这一结果虽然显示了不同水平留学生句切分长度上有所差别,但由于语料内容不同,进行科学性推论的依据不足。实证研究则在一定程度上弥补了这方面的不足。研究结果显示,中级被试在使用句切分标记策略时所切分的组块长度显著低于高级水平者。此外,通过考察被试的阅读测试成绩发现,策略使用主效应显著,中级和高级水平被试在使用句切分标记策略的条件下,阅读理解成绩均高于不使用该策略的被试,这说明该策略的使用提高了阅读理解水平。

五　讨论

本研究针对韩国留学生使用句切分标记策略的问题进行了探讨,证实了韩国留学生句切分标记策略的使用是普遍的,但不同水平间存在切分长度的差异,使用句切分标记策略可以提高阅读理解水平。这一结论与以往有些研究具有一致性,且可以在认知负荷理论框架下得到合理的支持。

5.1　韩国留学生汉语阅读中普遍使用句切分标记策略

首先,韩国留学生在汉语二语阅读中普遍使用标记策略,这与很多英语、法语、阿拉伯语等二语学习者的策略一致(Mokhtari & Reichard 2002;Zhang & Wu 2009;Al-Mekhlafi 2018 等)。针对韩国留学生的汉语阅读策略研究也得出了相同的结论。其次,这与以往针对韩国留学生的汉语二语阅读策略研究结果也是一致的。钱玉莲(2006)通过中文阅读学习策略调查问卷发现,韩国留学生在汉语阅读时使用最多的是推测(M=3.38)和语境策略(M=3.36),其次便是标记策略(M=3.24),由于该研究未进行统计性检验,从以上描述性数值上来看,标记策略与使用最多的两种策略差异并不大。可以认为这与本研究的结论是相似的,即韩国留学生使用标记策略是一种普遍现象。当然,钱玉莲(2006,2010)研究中的标记策略定义较广,包括加下划线、标出重点或生词等手段,策略使用目的涵盖跳跃障碍等。本研究结果则表明,句切分标记策略作为其中的一种具体操作,也是使用较多的,事后集体访谈中被试均表示在母语或二语阅读中常使用这种策略,特别是在考试中,但是不一定用斜线,未有被试提出从未接触过该策略。至于为何句切分标记策略在韩国留学生中普遍存在,访谈中发现,几位被试在中学学习韩国语课程时,教师曾或多或少介绍过类似的策略,特别是在应试的时候,教师提倡使用这种策略。有被试称,由于韩国语考试时需要阅读大段材料,教师建议学生"把长的段和长的句划成部分"等。这说明,韩国学生可能普遍接受过阅读策略训练,具有一定的应试技巧,并将母语的阅读策略迁移到了汉语二语阅读中。值得一提的是,被要求不得使用句切分策略的一名被试称,"不能在上面写和画不舒服",她认为这样她的"成绩可能不好"。也就是说,部分被试已经习惯在一语、二语中均使用相同的阅读策略,限制使用这一策略会造成被试心理不适。此外,有两位被试还分别提到"汉语跟韩国语不一样,汉语都在一起,(切分以后)有的部分看起来跟韩国语一样""韩国语写的时候有 space(词间空格——研究者注),所以读汉语的东西画以后好像也有 space"。这说明使用句切分标记策略可以使汉语二语阅读材料在形式上更接近于被试母语,从而便于阅读。

5.2 不同水平韩国留学生句切分长度不同

实证研究表明,中级水平留学生句切分长度显著低于高级水平者。认知负荷理论证明,学习材料与学习者的水平、工作记忆容量等因素共同形成内在负荷,相同的学习材料给不同水平的学习者带来的内在负荷水平不同,学习者对材料进行认知加工的困难程度就不同(van Merrienboer & Sweller 2005;李炯英、浦一婷 2017)。这一理论也明确指出,"读复杂的文章时,词和短语就构成了内部负荷的元素,但是读简单的文本时,构成内部负荷的元素可能就是句子组成的"(Sweller 2010)。也就是说,难度不同,加工单位也不同。从不同水平的阅读者角度来看,同样阅读一篇文章,高级水平留学生进行汉字、词汇和语法加工的自动化程度更高,阅读材料所带来的内在负荷相对较低,一次性能够加工的元素必然更多、更长;而中级水平留学生一次性能够加工的元素则相对较少,表现在形式上就是切分长度较短。事后访谈也验证了这一点,有被试表示"很快明白的那些就划成一部分""觉得容易的句子不用划",这说明被试划分的长度与个人水平和文本难度紧密相关。

5.3 句切分标记策略可以提高阅读理解水平

实证研究表明,使用句切分标记策略的主效应显著。钱玉莲(2006)研究结果也表明,使用标记策略与韩国留学生的 HSK 成绩呈显著正相关。Sarig(1987)认为标记策略是促进阅读理解水平的一种方法。本研究进一步表明,使用标记策略不仅与阅读成绩相关,而且有效提高了被试的阅读理解水平,是一种降低认知总负荷的手段。认知负荷理论认为,产生内在认知负荷的主要来源是需要处理的信息元素的数量,如果元素多,认知负荷就大,反之,认知负荷就小。在某些条件下,元素间的交互使得内在负荷很重,超出了工作记忆容量,因此无法同时对这些元素进行加工,只有当这些元素被独立学习时,元素间的交互才不会使工作记忆超负荷(Sweller 2010)。也就是说,当长句呈现给韩国留学生时,阅读材料给他们带来的内在认知负荷是很大的,可能会超出工作记忆容量,但是通过切分,实际将阅读任务进行了分解,每次需要处理的信息量大大减少。这样,韩国留学生将长句转化为个人工作记忆容量内可加工的信息,信息加工难度降低,对意义的理解也就更加明晰。同时,事后访谈也验证了这一点,有被试表示,切分后"可以一部分一部分理解,压力更小""不用一次看懂很长的句子,很方便",说明这一策略有效减轻了文本带来的认知负荷。

六 启示与不足

本研究表明,句切分标记策略是韩国留学生普遍使用的一种有效的阅读策略。可以认为这是韩国留学生从母语阅读中迁移过来的一种策略。作为支持性阅读策略的重要组成部分,这种策略通过分解文本的形式降低了文本带来的认知负荷。相比较而言,在各种支持策略中,句切分标记策略比自我提问等策略更具有外显性;与撰写阅读总结等策略相比,操作性更强,也更具有可教性,因此汉语二语教学中可以将此纳入针对阅读教学实践中。例如,在对韩国留学生进行汉语教学时,教师可以鼓励学生继续使用母语阅读时的标记策略,并在学生阅读长句时建议使用句切分标记策略,将长句切分为小的组成部分逐步进行理解,以减轻认知负荷。但是对于不同水平的阅读者也要区别对待,对中级水平者应鼓励使用这一策略,建议学生依据个人水平进行正确的、小组块的切分;对高级水平阅读者,教师可以建议学生尝试扩大切分长度,不要将句子切分得过于细碎;而对于水平更高的阅读者而言,似乎可以建议慢慢减少这种句切分策略,逐渐向母语者的阅读过渡,以进一步提高阅读速度。

当然,本研究还存在一些需要改进和继续思考的问题,例如事后访谈中有被试提出,"常常在动词后面画线""在不认识的词前画线",画线的位置其实意味着学生还使用这一策略辅助寻找句子的关键成分、进行词义猜测等,进一步分析切分的内容可能亦可发现被切分出的各个部分有何特征,未来研究中可通过文本分析与访谈相结合的手段探讨这一策略使用背后的机制和深层原因。此外,受篇幅和实验条件所限,本研究仅对中、高级韩国留学生使用句切分标记策略的情况进行了考察,未考虑初级水平留学生,被试人数有限,且未将不同难度等级的阅读材料作为变量纳入研究中,未来还有待进行更为深入的探究。

注　释

① 分析发现,单独的"　"和"＿＿＿"可能跟阅读理解的问题或其他关键信息有关,故不算作句切分标记。
② 文中还有一些类似"饺子"这样的关键词标记,大部分与答案相关,关键词标记一般嵌套于更大的组块当中。
③ 由于初级水平(本学院 A、B 班)学生大致相当于 HSK1－3 级水平,较少进行课文以外成段材料的阅读训练,为保证被试的同质性,故本研究仅选取中高级汉语水平学习者作为被试。

参考文献

孔子学院总部/国家汉办(2015)《HSK 真题集(2014 版)》,高等教育出版社。
王尧美(2012)《新 HSK(四级)全真模拟测试题集》,北京语言大学出版社。
陈巧芬(2007)认知负荷理论及其发展,《现代教育技术》第 9 期,16－19 页。

郭修敏(2017)面向TCSL的分级测试客观卷开发实证研究,《世界汉语教学》第2期,242—252页。

李炯英、浦一婷(2017)我国二语阅读策略研究:回顾与展望(2006—2015),《外语教学》第3期,62—67页。

刘连娣(2006)认知负荷理论及其在外语教学设计中的应用,《语言教学与研究》第2期,73—80页。

钱玉莲(2006)韩国学生中文阅读学习策略调查研究,《世界汉语教学》第4期,80—88页。

钱玉莲(2010)中韩学生中文阅读学习策略比较研究,《华文教学与研究》第3期,42—49页。

唐剑岚、周莹(2008)认知负荷理论及其研究的进展与思考,《广西师范大学学报(哲学社会科学版)》第2期,75—83页。

周殿军(2009)文章标记对英语语篇信息理解与保持的影响,《长春大学学报》第9期,97—100页。

Al-Mekhlafi, A. (2018) EFL Learners Metacognitive Awareness of Reading Strategies. *International Journal of Instruction*, 11(2), 279—308.

Alhaqbani, A. & M. Riazi(2012) Metacognitive Awareness of Reading Strategy Use in Arabic as a Second Language. *Reading in A Foreign Language*, 24(2), 231—255.

Carrell, P. (1989) Metacognitive awareness and second language reading. *The Modern Language Journal*, 73(2), 121—134.

Johnson, K. & Johnson, H. (1999) *Encyclopedic dictionary of applied linguistics: a handbook for language teaching*, Oxford: Blackwell Publishers Ltd.

Li, L. & Kaur, S. (2014) Textbook reading strategies and its relationship to reading test performance. *Journal of Language Studies*, 14(3), 1—18.

Melina, K., Florian, S. & Tina, S. (2017) Development and validation of two instruments measuring intrinsic, extraneous, and germane cognitive load. *Frontiers in Psychology*, 8, 1—18.

Mokhtari, K. & Reichard, C. (2002) Assessing students' metacognitive awareness of reading strategies. *Journal of Educational Psychology*, 94(2), 249—259.

Mokhatri, K. & Sheorey, R. (2002) Measuring ESL students' awareness of reading strategies. *Journal of Developmental Education*, 25(3), 2—10.

Sarig, G. (1987) High-level reading in the first and in the foreign language: Some comparative process data, In J. Devine, P. L. Carre & D. E. Eskey (eds.), *Reasearch in reading in English as a second language*, 107—120, Washington DC: TESOL.

Sweller, J. (1988) Cognitive load during problem solving: Effects on learning. *Cognitive Science*, 12(2), 257—285.

Sweller, J., van Merriënboer J. & Paas, F. (1998) Cognitive architecture and instructional design. *Educational Psychology Review*, 10(3), 251—296.

Sweller, J. (1994) Cognitive load theory, learning difficulty, and instructional design. *Learning and Instruction*, 4(4), 295—312.

Sweller, J. (2010) Element Interactivity and Intrinsic, Extraneous, and Germane Cognitive Load.

Educational Psychology Review, 22(2), 123—138.

Sweller, J. (2016) Working Memory, Long-term Memory, and Instructional Design. *Journal of Applied Research in Memory and Cognition*, 5(4), 360—367.

van Merrienboer, J. & Sweller, J. (2005) Cognitive load theory and complex learning: recent developments and future directions. *Educational Psychology Review*, 17(2), 147—177.

Zhang, L. & A. Wu(2009) Chinese senior high school EFL students' metacognitive awareness and reading-strategy use. *Reading in a Foreign Language*, 21(1), 37—59.

作者简介

王蕾,北京大学对外汉语教育学院博士生,北京语言大学汉语速成学院讲师。主要研究兴趣为汉语第二语言习得与教学。Email:wanglei5898@163.com。

Investigating Pausing Phenomena in L2 Chinese Writing

陆筱俊

东南大学

提　要　本文研究了汉语写作中的停顿及其背后的思维活动,探讨了停顿在不同写作阶段可能发生的变化。32名汉语学习者及32名汉语母语者完成四篇上机作文,其按键过程由键盘记录器记录,其停顿时的思维活动通过刺激性回忆报告获得。结果发现,汉语学习者词间停顿最多,多用于组织语言。在输入法中寻找汉字也是他们停顿的另一大原因。大语法单位间的停顿常长于小语法单位间的停顿。停顿主要出现在写作中段,前后段停顿少,但长度大。汉语母语者与汉语学习者表现基本相似,但略有不同。

关键词　停顿　第二语言写作　汉语作为第二语言　时间维度　按键记录　回忆报告

1 Introduction

The end product of writing (i.e. written texts) has long been the main focus in second language (L2) writing research (see Polio & Friedman, 2017 for a review). Much less is known about the processes involved in L2 text production, despite of a growing number of studies investigating writers' behaviours (e.g. pausing, revision) and cognitive activities underlying these behaviours in recent years (e.g. Barkaoui, 2016; Roca de Larios et al., 2008). The present study aimed to contribute to and expand this line of research. The primary aim of this study was to investigate pausing behaviours and cognitive activities associated with pauses in L2 Chinese writing. L2 writers of Chinese have been an under-researched population in the writing literature (see Liu & Ling, 2012 for a review). Nevertheless, it is important to study pausing phenomena in L2 Chinese writing due to different orthographic systems between Chinese and an alphabetic language (e.g. English). Second, the current study explored L2 Chinese pausing phenomena by triangulating data from keystroke-logging and stimulated recall. It was hoped that combining quantitative (keystroke-logging) and qualitative (stimulated recall) data sources would allow for a more reliable and valid interpretation of pauses in L2 Chinese writing. In addition, this study employed a dynamic approach to analysing pauses by considering both the whole session and different stages (beginning, middle, end) of the writing process. Data for L1 Chinese writing were also obtained to determine whether the pattern of pausing in L2 Chinese is unique.

1.1 Writing processes and pauses: theories and empirical studies

According to most writing models (e.g. Flower & Hayes, 1981; Kellogg, 1996), producing an essay entails a set of cognitively demanding activities, including planning goals, generating and organising ideas, encoding ideas into linguistic forms, transcribing linguistic episodes into a linear piece of written message, and monitoring and evaluating whether the developing text satisfies the rhetorical requirements. These activities are assumed to present dynamic interplay within the writer's limited working memory capacity (Kellogg, 1996), leaving observable traces, such as pauses, in the process of text production (Lindgren & Sullivan, 2006).

Pauses in text composition are defined as 'moments of physical inactivity during writing' (Matsuhashi, 1981, p. 114). In the fields of L1 and L2 writing, it is generally agreed that depending on where they occur (i.e. pause location), pauses could be indicative of different cognitive activities that writers carry out (e.g. Barkaoui, 2019; Chenoweth & Hayes, 2001). Specifically, it is presumed that pauses at smaller text unit boundaries, such as within a word and between words, mainly reflect lower-order cognitive activities, such as linguistic encoding, while those between larger text units, such as at clause and sentence boundaries, are more likely to signal higher-order cognitive activities, such as generating and organising ideas (Schilperoord, 1996). As a result, pause frequency and duration are not supposed to be random during writing.

In terms of pause frequency, Spelman Miller (2000), employing keystroke-logging, found that both L1 and L2 writers paused most frequently at word and phrasal boundaries, while pauses between sentences and within a word occurred less frequently. Different patterns were observed in Wengelin et al. (2009) and Medimorec and Risko (2017). In Wengelin et al. (2009), eight L1 writers, whose pausing behaviours were captured by a keystroke logger, were found to pause more often between paragraphs and between sentences than between words. Medimorec and Risko (2017) also observed more pauses at larger text unit boundaries. A hundred and one L1 writers of English wrote one argumentative and one narrative essay using a word processor. While writing, their pauses were logged. The results revealed increased pause frequency from between words, sentences to paragraphs irrespective of genre.

More consistent findings were seen in terms of pause duration. In Spelman Miller's (2000) previously described study, the researcher also observed that pauses between larger text boundaries exhibited greater duration than those between smaller text boundaries in both L1 and L2 writing. In addition, L2 writers were found to pause longer than L1 writers, particularly at clause and sentence levels. A parallel trend was reported in a more recent study by Van Waes and Leijten (2015). Sixty-eight participants completed two computer-delivered writing tasks, one in their L1 and one in their L2. Their writing behaviours were recorded by a keystroke logger. The researchers found that pause duration was positively correlated to the text unit level a pause occurred, regardless of whether the task was conducted in L1 or L2. Notably, different from most studies that employed a single pause threshold (usually two seconds), Van Waes and Leijten adopted multiple thresholds (200ms, 500ms, 1000ms, 2000ms), and the pattern was observed for all four thresholds.

Utilising keystroke-logging and verbal reports, Révész et al. (2017) and Révész et al. (2019) supplemented the previous pausing studies by providing direct evidence of cognitive processes underlying pauses at various locations. A key finding of the two studies was that participants made more references to planning-related processes when reporting thoughts associated with between-sentence pauses, while they mentioned more translation-related processes when reporting thoughts linked to within-word and between-word pauses.

1.2 The temporal dimension of pause in L2 writing

As mentioned earlier, text composition is conceptualised as a dynamic process in most theoretical frameworks of writing (e.g. Flower & Hayes, 1981; Kellogg, 1996). However, to date, dynamicity has rarely been addressed when it comes to analysing L2 writing processes. The most common practice is to count frequencies/proportions of writing activities for a whole composition session, without considering when the activities take place. The discrepancy between theory and practice has resulted in the neglect of a crucial aspect: the temporal dimension of L2 writing.

Time in writing is the core of Van Den Bergh and Rijlaarsdam's (1996) theoretical framework. In their work, three components, i.e. an executive module, a management module and a strategic domain, are involved to produce a text. The executive module contains cognitive activities. The management module is made up of a monitor and several domains of knowledge, including linguistic, pragmalinguistic, text and sociocultural knowledge. The strategic domain stores crucial writing-process information, namely, cognitive strategies. Cognitive strategies include parameter settings, which may differ among individuals due to different learning experiences. Parameter settings are information about 'the probability of [the] occurrence of a cognitive activity given the context of occurrence' (p. 109). As writing is characterised by a continuously changing task situation, probabilistic information about the occurrence of a cognitive activity and its relation to preceding and following cognitive activities is assumed to change accordingly. In other words, certain cognitive activities (i.e. planning, translation, monitoring) may occur more/less frequently than others at certain moments of text production. Consequently, pausing behaviours, which are observable correlates of writing processes in general, are also expected to differ in terms of frequency and duration across various writing stages.

Motivated by Van Den Bergh and Rijlaarsdam's (1996) work, a few studies have investigated the role of time in L2 pausing phenomena. For example, Xu and Qi (2017) explored the distribution of pauses across five intervals of writing. Participants were 30 less skilled and 29 more skilled L2 writers of English. An argumentative writing task was used to elicit participants' writing performances. The participants' pausing behaviours were recorded by a keystroke-logging program. Each writing session was divided into five intervals, each with an equal length of writing time. Statistical analyses revealed that less skilled L2 writers paused more often in interval 4 than in intervals 1, 2 and 5. They also paused longer in interval 2 than in intervals 1, 3 and 4. More skilled writers paused less frequently in interval 1 than in intervals 2-5, but paused longer in interval 1 than in intervals 2-4. Barkaoui (2019) investigated pausing behaviours of 68 learners of L2 English who performed an argumentative and a summary writing task. Their writing behaviours were logged. The writing sessions were segmented into three equal intervals based on the total writing time. Similar to what Xu and Qi (2017) observed in more skilled L2 writers, Barkaoui found that participants paused less often but for longer in interval 1 than in intervals 2 and 3. In both studies, the researchers interpreted fewer and longer pauses in interval 1 an indicator of more planning at the beginning of writing, while more frequent but shorter pauses in the subsequent intervals were seen as reflections of extensive engagement in translation after the initial writing stage.

1.3 The current study: rationale and research questions

While previous studies have provided some information about pauses in L2 writing, several issues need further investigation. First, patterns of pauses at various text locations have not been fully explored, as earlier work on this issue yielded mixed results (e. g. Medimorec & Risko, 2017; Spelman Miller, 2000; Wengelin et al., 2009). Second, there is limited literature on the temporal distribution of pauses. Although some researchers have sought to address this gap, the few existing studies failed to examine the temporal dimension of pause according to text location. Third, pausing investigations to date have mainly utilised a single data collection method (i. e. keystroke-logging). Although Révész et al. (2017) and Révész et al. (2019) combined keystroke-logging with stimulated recall, the verbal data were not primary as only 40% of the participants provided verbal protocols. As a result, inferences about pauses in these studies were inevitably contingent, given the lack of (full) triangulation of different data sources. Lastly, earlier research has predominately focused on alphabetic language writers (e. g. writers of English), whereas little is known about pausing phenomena in non-alphabetic writing, such as Chinese. In light of these considerations, this study addressed the following three research questions.

1. Are there any patterns of pauses at different text locations in L2 Chinese writing, as reflected in

   a. pausing behaviours captured by keystroke-logging?

   b. stimulated recall comments associated withpausing behaviours?

2. To what extent do the stages of writing affect pauses in L2 Chinese writing, as reflected in

   a. pausing behaviours captured by keystroke-logging?

   b. stimulated recall comments associated withpausing behaviours?

3. To what extent do the patterns differ in L1 Chinese writing?

2　Method

2.1　Participants

Thirty-two L2 writers of Chinese in London participated in the study. They were 19 males and 13 females, and their age ranged between 19 and 41 years ($M=26.62$, $SD=6.52$). They were all L1 users of an alphabetic language. The participants had an average of 58.84 months (range 15 to 120 months) of previous Chinese study. Most participants ($N=24$) interacted with L1 users of Chinese at least once per week, and the majority ($N=31$) had experience of studying or staying in China (range .50 to 96 months). To ensure variances in pausing patterns, the participants were with different L2 Chinese proficiency (assessed by a cloze test adapted from Test of Chinese as a Foreign Language). The internal consistency of the test was good (Cronbach's alpha=.89). The test scores covered a wide range ($M=28.5$, range 13 to 41, maximum score = 45 points) and were normally distributed (Shapiro-Wilk test statistics=.97, $p=.50$), suggesting that the writer group seemed to be a reliable representative of the population in terms of L2 proficiency.

Thirty-two L1 writers of Chinese (5 males and 27 females) provided the baseline data. They were international students studying in universities in London, aged between 18 and 32 years ($M=24.72$, $SD=3.54$). They received primary and secondary education in China, and had on average been in the UK for 6.37 months ($SD=2.32$). They were using Chinese on a daily basis (39.16 hours per week). Of that, an average of 9.33 hours per week was spent writing in Chinese. They also reported an average of 25.78 hours per week using foreign languages, with 5.11 hours on writing. An independent sample t test was conducted to compare the hours spent writing in Chinese and foreign languages, which confirmed that the group wrote significantly more in Chinese ($p=.01$). This was to ensure that the L1 writers' written output in Chinese would not be considerably influenced by English conventions.

Both groups were familiar and comfortable with producing essays on a computer using the Pinyin input method.

2.2　Instruments

2.2.1　Writing tasks

Two argumentative and two narrative writing tasks were used to elicit participants' writing performances to avoid a potential prompt effect. The tasks were rated by five experienced teachers of L2 Chinese to ensure a similar level of difficulty (2.95 on a five-point Likert scale). The inter-rater agreement was acceptable (interclass correlation coefficient=.79). The argumentative tasks were about expressing opinions on the massive use of mobile phones and reasons of learning foreign languages, and the narrative ones were about telling a story about a childhood event and a memorable first-time experience (for examples of writing prompts, see Table S1 in Supplementary material). It was hoped that these topics would enhance participants' degree of involvement in writing given that the topics were closely related to daily issues and personal experiences. The tasks were piloted on a high-and a low-proficiency writer. Both were able to produce meaningful texts for all four tasks.

All participants performed the four tasks on a computer using the Pinyin input method. The automatic spelling and grammar check were turned off. Thirty minutes were allowed for each task. No word limit was set, given that the L2 writers varied greatly in their Chinese proficiency. However, in order to elicit effective writing performances, the participants were required to produce a complete essay within the time limit. The participants were not permitted to refer to additional materials during writing.

2.2.2 Keystroke-logging

Keystroke-logging refers to a computer recording technique that involves 'the use of a resident software program that appears to the writer as a word processor with normal text editing functions' (Spelman Miller, 2005, p. 300). The rationale for this technique lies in the concept that visible behaviours during writing, such as pauses, 'reveal traces of the underlying cognitive processes' (Leijten & Van Waes, 2013, p. 360). Some of the most popular keystroke-logging tools include *JEdit*, *ScriptLog*, *Inputlog*, and *Translog*.

Translog 2.0 (Carl, 2012) was used in this study to log pauses. The participants performed the writing tasks in the *Translog* 2.0 *User* program. The interface consisted of a displaying area where the writing prompt was demonstrated, and a typing area where the participants developed their texts. While writing, the participants were able to insert, delete, cut, copy and paste any part of the text, similar to what they did in a normal word processor.

Keystroke-logging offers a great number of advantages in investigating writing processes. First, comparing to other data collection methods on writing processes (e. g. think-aloud), keystroke-logging is non-obtrusive to writers (Van Waes et al., 2009). In other words, it overcomes the reactivity issue: verbalising thoughts simultaneously with writing might constitute an additional task (Jourdenais, 2001; Valfredini, 2015), which can potentially alter the cognitive processes involved in text production. In addition, keystroke-logging captures every keystroke and mouse movement during writing. Thus, it is able to generate a relatively complete report on writing behaviours and less likely to be criticised for a lack of veridicality. Keystroke-logging also provides a clear picture of dynamicity of writing, as writing behaviours are logged in relation to a time stamp (Leijten & Van Waes, 2006).

However, keystroke-logging is not immune to criticism. One major problem concerns data interpretation (Abdel Latif, 2008). Logged keystrokes can sometimes be hard to interpret because they do not provide a direct reflection of cognitive activities during writing (Lindgren, 2005). To mitigate this problem, stimulated recall (described in 2.2.3) was utilised in this study to tap into cognitive activities associated with pauses.

2.2.3 Stimulated recall

Stimulated recall was used to collect data on participants' cognitive activities during pauses. This method has been widely used to examine topics concerning the processes involved in text production (see Polio & Friedman, 2017; Révész & Michel, 2019 for summaries). During the recall session that takes place after task performance, participants are asked to describe their thoughts during writing, prompted by a tangible stimulus, such as a video showing themselves writing.

Despite the frequent use of stimulated recall protocols, there is a reactivity concern for the method (Gass & Mackey, 2016). It is possible that during recall, participants' attention is drawn to issues which they may not have been aware of prior to the protocol. Consequently, the recall may influence participants' performance on subsequent tasks. However, stimulated recall was found to be non-reactive in Egi (2008), one of the few empirical studies to address the issue. Another potential threat to the validity of stimulated recall has to do with veridicality, i. e. participants may report their cognitive processes during task completion inaccurately and/or incompletely during the protocol. Indeed, owing to memory decay, participants are less likely to accurately and fully recall their thoughts during writing as the time increases between the event to be reported and the reporting itself. The stimulated recall method can only be justified when it is carried out shortly after the task is completed, when the cues which allow the effective retrieval of thoughts are still in short-term memory (Ericsson & Simon, 1993). One study (Abdel Latif, 2019) to date has explored the veridicality issue in the context of writing. The researcher found that stimulated recall elicited fewer and less detailed data about writers' writing processes, indicating that a higher risk in terms of inaccuracy and incompleteness. However, it is questionable whether stimulated recall did indeed generate less rich data due to a potential pitfall of the study. The posteriori interview on writing processes was prompted by the text writers had produced rather than a recording of their actual text-production process. Written texts may be less effective in eliciting writing process data as they do not normally entail traces of how a text was produced, such as pauses.

Following Gass and Mackey (2016), this study implemented stimulated recall interviews immediately after the participants finished writing to mitigate the issue of veridicality. The interview was based on the last writing task they performed so as to avoid reactivity. To prompt their recall, the participants watched a recording of the process of them developing the last essay, presented as keystroke logs at the character level. I paused the recording whenever a pause occurred and ask the participant to report the thoughts they had at the time. If the participant was not able to recall their thoughts or believed that the pause was subconscious, the response was accepted, and no other question was asked concerning that pause. Participants' responses were video recorded. The interviews were conducted in English for L2 writers and in Chinese for L1 writers.

2.3 Data collection

All participants attended two individual sessions on two days in a quiet room. In each session, they performed two writing tasks on a computer (60 minutes) using the *Sogou* Pinyin input method. This specific Pinyin input method was chosen as it is the most widely used Pinyin input method on digital devices (Wang et al., 2018). The input method was reset every time before a writing task to clear the input pattern in its memory. Participants' pausing behaviours were logged by *Translog* 2.0. In Session 1, participants completed a background questionnaire after writing (10 minutes). Immediately after writing in Session 2, they took part in a stimulated recall interview, during which they were asked to describe their thoughts during pausing, prompted by the replay of a keystroke-logging recording based on the last writing task they performed (20-60 minutes). Participants were encouraged to take short breaks between activities.

2.4 Data analysis

2.4.1 Analysis of keystroke logs

The linear view tool in the *Translog* 2.0 *Supervisor* program, which visualises all activities participants carried out during writing in chronological order, was used to identify pauses. Pause in this study was defined as any inactivity during writing for over two seconds, following the conventions of previous studies on adult writing (e.g. Révész et al., 2019; Xu & Qi, 2017). In other words, only pauses exceeding two seconds were considered meaningful and included in the analysis.

Pausing behaviours were operationalised in terms of frequency and duration. After all pauses were manually extracted for the *Translog* files, each pause was coded in terms of its text location, whether it occurred within a word, between words, between clauses or between sentences. Two additional categories emerged when coding the pauses. First, writers sometimes paused when they were selecting the Chinese characters after finishing typing the Pinyin. Such pauses were coded as a pause between Pinyin and character. Second, pauses could also appear between two revisions made to already-written text, usually when writers were rereading their text. It is impossible to tell at which text-unit level these pauses occurred; thus, they were coded as an individual category, pauses between revisions. Pause frequency by location was then calculated for each participant and standardised by the time (in minutes) spent on task performance. Pause duration was expressed as median length of pause.

Data from six participants, three selected randomly from each group (10% of the data), were coded by a second coder. The second coder was an L1 user of Chinese, holding an MA degree in Chinese Linguistics and Applied Linguistics. The agreement between coders reached an excellent level (Cohen's kappa = .91). Disagreements between the coders were resolved through discussion.

2.4.2 Analysis of stimulated recall comments

Four steps were involved in the analysis of stimulated recall comments. First, stimulated recall protocols were transcribed in full. The protocol transcripts were then segmented based on the content of the mental actions reported by the participants (e.g. Gánem-Gutiérrez & Gilmore, 2018; Van Den Bergh & Rijlaarsdam, 2001). Next, the segments were grouped into categories of planning, translation and monitoring based on previous cognitive models of writing (e.g. Kellogg, 1996). Comments on planning were additionally distinguished as to whether they were idea-or organisation-related, whereas those on translation were further classified as to whether the participants referred to translation in general, lexical items, syntactic structures or cohesive devices (see Table S2 in Supplementary material for the coding scheme). Lastly, comments that fell into a specific group were added up, and a percentage for each group was calculated. Data from six participants (randomly selected) from each group, i.e. 20% of the stimulated recall data, was double-coded. Inter-coder reliability was found to be excellent (Cohen's kappa=.96). Disagreements between the coders were resolved through discussion.

2.4.3 Analysis of the temporal dimension of pause

The temporal dimension of pause was examined by dividing the writing session for each task into five equal stages, following previous studies (e.g. Xu & Qi, 2017). Each writing session was segmented based on the total time the participant had spent on task performance. For example, if a participant spent 30 minutes completing a task, the writing session was divided into five six-minute long stages. Next, each *Translog* file and verbal protocol was segmented into five parts, with each part corresponding to one of the five stages in the writing session. Finally, pausing behaviour measures and stimulated recall comments were calculated for each stage.

2.5 Statistical analysis

To address research questions concerning pausing behaviours captured by keystroke-logging, linear mixed-effects regression analyses were conducted using the *lmer* function in the *lme4* package in the *R* environment. Before the models were constructed, data were first inspected for outliers. The outliers were trimmed to values of three standard deviations from the mean for each index. The linearity, homoscedasticity, and normality assumptions for the models were checked using residual plots. If the residual plots suggested the data did not meet the assumptions, a nonlinear transformation was performed on the numeric variables in the model. Bonferroni tests were performed when pairwise comparisons were needed to confirm where differences occurred. Marginal R-squared (R_m^2) values were calculated as measures of variance explained by fixed effects using the *r. squared GLMM* function. The effect size (Cohen's d) for Bonferroni tests was calculated using the *cohensD* function. D values of .60, 1.00 and 1.40 were considered to be small, medium, and large effect sizes (Plonsky & Oswald, 2014). Data for stimulated recall comments were analysed qualitatively.

3 Results

3.1 Pauses at various text locations in Chinese writing

First, patterns of pauses at different text locations were examined by constructing two linear mixed-effect regression models. To improve the goodness of fit of the models, the dependent variable of the model for pause frequency was the log-transformed frequency count of pause, and the dependent variable of the model for pause duration was the reciprocal of the log-transformed median pause length. In both models, the fixed effect was text location. To control for any random variation caused by the individual and task differences, the random effects were initially participant and prompt. However, the frequency model failed to converge with two random effects, so prompt, the random effect that contributed less variance, was removed. No random slope was added to ensure model convergence. A similar set of analyses was performed for the L1 group. The only difference was that both participant and prompt were included as random effects in the L1 pause frequency model, while participant was the only random effect in the L1 pause duration model. Descriptive statistics for pausing behaviours are summarised in Table S3 in Supplementary material.

A significant effect of location on pause frequency and duration was found for both groups (see Table S4 in Supplementary material for details). Post hoc Bonferroni tests were conducted to compare each of the two locations, and the significant results are demonstrated in Table 1. In terms of frequency, L2 writers of Chinese were found to pause most often between words, followed by pauses between sentences. The number of pauses between clauses and between Pinyin and character were equal, but they were less frequent than between-word and between-sentence pauses. L2 writers paused least frequently between revisions and within a word. L1 writers of Chinese, similar to L2 writers, paused most frequently at word boundaries. However, following between-word pause, an equal number of between-clause and between-sentence pauses were found. Between-revision, between-Pinyin-and-character, and within-word pauses were relatively infrequent in L1 writing.

For both groups, the effect sizes of the differences between between-word pause and the rest types of pause were large; large effect sizes were also observed in the differences between within-word pause and pauses at clause and sentence boundaries. In L1 writing, large to medium effect sizes were additionally found in the differences between pauses at clause and sentence boundaries, and those between Pinyin and character and between revisions. The remaining effect sizes were small.

In terms of duration, L2 writers paused longest between sentences and between revisions, followed by between-word and between-clause pauses which were of equal length. L2 writers paused comparatively shorter within a word, and between Pinyin and character. A largely similar trend was observed in L1 data. Slightly different from L2 writing, between-clause pauses in L1 writing were found to be longer than between-word pauses. Most effect sizes of the differences were found to be small.

Table1 *Significant results from Bonferroni test comparing pause frequency and duration at different locations ($p<.01$)*

	L2 writer ($N=32$)			L2 writer ($N=32$)		
	SE	t	d	SE	t	d
Frequency						
Ww-Bpc	.02	−10.59	.93	.02	−4.11	.59
Ww-Bw	.02	−46.98	3.34	.02	−50.48	3.25
Ww-Bc	.02	−11.61	1.40	.02	−26.93	2.12
Ww-Bs	.02	−19.76	2.51	.02	−28.34	2.67
Ww-Br	.02	−6.04	.52	.02	−9.04	.90
Bpc-Bw	.02	−36.39	2.31	.02	−46.38	2.94
Bpc-Bc				.02	−22.83	1.62

Continued

	L2 writer ($N=32$)			L2 writer ($N=32$)		
	SE	t	d	SE	t	d
Bpc-Bs	.02	−9.17	.72	.02	−24.23	2.02
Bpc-Br	.02	4.55	.24	.02	−4.93	.44
Bw-Bc	.02	35.37	2.74	.02	23.55	1.82
Bw-Bs	.02	27.21	2.05	.02	22.15	1.49
Bw-Br	.02	40.94	2.54	.02	41.44	2.56
Bc-Bs	.02	−8.15	.87			
Bc-Br	.02	5.57	.34	.02	17.89	1.19
Bs-Br	.02	13.73	.93	.02	19.30	1.49
Duration						
Ww-Bw	.02	−8.53	.50	.02	−6.48	.16
Ww-Bc	.02	−11.69	.76	.02	−10.22	.67
Ww-Bs	.02	−22.49	1.18	.02	−17.74	1.24
Ww-Br	.02	−18.45	.85	.02	−12.69	.68
Bpc-Bw	.02	9.26	.96	.02	−8.79	.45
Bpc-Bc	.02	−12.44	.92	.02	−12.87	.86
Bpc-Bs	.02	−23.30	1.17	.02	−21.08	1.34
Bpc-Br	.02	−19.23	.86	.02	−15.42	.79
Bw-Bc				.02	−4.29	.66
Bw-Bs	.02	−14.07	1.03	.02	−12.85	1.31
Bw-Br	.02	−10.11	.76	.02	−7.22	.69
Bc-Bs	.02	10.89	.90	.02	−8.54	.97
Bc-Br	.02	−6.96	.60			
Bs-Br	.02	3.79	.03	.02	5.16	.30

Note: Ww=Within a word, Bpc=Between Pinyin and character, Bw=Between words, Bc=Between clauses, Bs=Between sentences, Br=Between revisions

Stimulated recall comments that provide information about writers' cognitive activities during pauses were summarised in Table 2. In L2 writing, the largest percentage of stimulated recall comments referred to translation processes (52%), followed by those for planning (27%) and monitoring (12%). Most planning comments were content-related (93%), while the majority of translation comments focused on lexical retrieval mechanisms (57%). Most pauses at smaller text unit boundaries (i. e. within a word, between Pinyin and character, and between words) reflected translation processes (95%, 97%, and 68%, respectively). Between-clause pauses were linked to either planning (36%) or translation (44%), with a slightly higher percentage for translation processes. Around half (49%) of between-sentence pauses were associated with planning, while the majority of pauses between context revisions (54%) were related to monitoring.

Unlike L2 writers, L1 writers referred to planning processes most often (45%), followed by translation (39%) and monitoring processes (9%). The comments on planning were mainly content-related (95%), while the largest percentage of translation comments was associated with lexical retrieval (48%). When consideringtext location, in parallel with L2 writers, L1 writers mentioned translation processes for most pauses at smaller text unit boundaries (67% for pause within a word, 82% for pause between Pinyin and character, and 56% for pause between words). Between-sentence pauses were primarily linked to planning activities (62%). However, different from L2 writing, the majority of pauses between clauses and between context revisions in L1 writing (56% and 49% respectively) referred to planning processes rather than to translation or monitoring processes.

Table 2 Stimulated recall comments by pause location

Location	Planning			Translation					Monitoring	Others	No recall	Total
	Content	Organisation	Total (%)	Translation in general	Lexical retrieval	Syntactic encoding	Cohesion	Total (%)	Total (%)	Total (%)	Total (%)	Total (%)
L2 writer (N=32)												
Ww	1	0	1 (0%)	0	18	0	1	19 (1%)	0 (0%)	0 (0%)	0 (0%)	20 (1%)
Bpc	0	0	0 (0%)	0	29	0	0	29 (1%)	0 (0%)	0 (0%)	1 (0%)	30 (1%)
Bw	275	9	284 (11%)	156	646	214	42	1058 (40%)	80 (3%)	15 (1%)	115 (4%)	1552 (58%)
Bc	112	9	121 (5%)	35	57	37	22	151 (6%)	28 (1%)	1 (0%)	39 (1%)	340 (13%)
Bs	241	22	263 (10%)	36	31	29	12	108 (4%)	114 (4%)	5 (0%)	44 (2%)	534 (20%)
Br	41	14	55 (2%)	7	3	2	2	14 (1%)	103 (4%)	17 (1%)	1 (0%)	190 (7%)
Total	670	54	724 (27%)	234	784	282	79	1379 (52%)	325 (12%)	38 (1%)	200 (8%)	2666 (100%)
L1 writer (N=32)												
Ww	0	0	0 (0%)	1	1	0	0	2 (0%)	1 (0%)	0 (0%)	0 (0%)	3 (0%)
Bpc	2	0	2 (0%)	0	14	0	0	14 (1%)	0 (0%)	0 (0%)	1 (0%)	17 (1%)
Bw	370	8	378 (18%)	201	344	65	17	627 (30%)	42 (2%)	7 (0%)	67 (3%)	1121 (54%)
Bc	217	7	224 (11%)	66	19	9	12	106 (5%)	36 (2%)	2 (0%)	29 (1%)	397 (19%)
Bs	248	28	276 (13%)	26	9	6	15	56 (3%)	95 (5%)	3 (0%)	18 (1%)	448 (22%)
Br	38	7	45 (2%)	2	3	0	1	6 (0%)	23 (1%)	18 (1%)	0 (0%)	92 (4%)
Total	875	50	925 (45%)	296	390	80	45	811 (39%)	197 (9%)	30 (1%)	115 (6%)	2078 (100%)

Note: Ww=Within a word, Bpc=Between Pinyin and character, Bw=Between words, Bc=Between clauses, Bs=Between sentences, Br=Between revisions

3.2 Effect of stages on pauses in Chinese writing

The extent to which stages of writing influence pausing behaviours in Chinese writing was investigated by conducting two sets of linear mixed-effects regression analyses with L1 and L2 data separately. In each model, the dependent variable was a pausing behaviour index. In some models where residual plots suggested a poor fit, the raw value of the dependent variable was transformed into its natural logarithm or the reciprocal of its natural logarithm to improve the goodness of fit. For all models, the fixed effect was the five stages of writing, and random effects were initially participant and prompt. Prompt was removed from some models that failed to converge. No random slope was included to avoid failure in convergence. A post hoc test was run when a significant stage effect was identified to confirm where the difference was.

In terms of pause frequency, significant stage effects were identified on pause at all locations apart from within-word pause for both groups (see Table S5 in Supplementary material for details). Post hoc Bonferroni tests (Table 3) revealed that L2 writers paused more frequently overall and between clauses in the middle stages than in Stages 1 and 5, whereas L1 writers only paused less frequently overall and at the clause boundary at the beginning. L2 writers paused less often between Pinyin and character and at the word boundary in Stage 5 than in earlier stages, while L1 writers made fewer pauses at these two locations in Stages 1 and 5. Both groups tended to pause more often at sentence boundaries in Stage 1 and between revisions in Stage 5. The effect sizes of the differences were small.

Turning to pause duration, stage effects were foundfor pauses in total, between clauses, between sentences and between revisions in L2 writing, while for pause in total, between sentences and between revisions in L1 writing (see Table S6 in Supplementary material for details). Post hoc Bonferroni tests (Table 4) suggested that both groups of writers paused longer overall in Stage 5. When pauses were analysed in terms of location, longer between-sentence pauses in Stage 1 than in Stages 2, 3, and 4 were found in L2 writing, whereas L1 writers paused longer between sentences in both Stages 1 and 5 than in the middle stages. Although the effect of stage was significant for between-clause pause duration in L2 writing, no significant difference was detected between any two stages in a post hoc test of this measure. There was a tendency for Stage 5 to exhibit longer pauses between revisions than other stages. However, this finding should be interpreted with caution, given that 43% of the L2 data (278 out of 640) and 51% of the L1 data (327 out of 640) contained missing values for between-revision pause duration. The effect sizes of the differences were in the range of small.

Table 3 *Significant results from post hoc tests examining the effects of stage on pause frequency* ($p<.01$)

	L2 writer ($N=32$)			L1 writer ($N=32$)		
	Stage	t	d	Stage	t	d
Total	S1<S2	−5.99	.52	S1<S2	−4.95	.43
	S1<S3	−5.18	.43	S1<S3	−4.65	.37
	S1<S4	−3.96	.32	S1<S4	−3.52	.27
	S5<S2	−6.90	.64			
	S5<S3	−6.09	.56			
	S5<S4	−4.87	.45			
Bpc	S5<S1	−3.32	.27	S1<S2	−3.65	.34
	S5<S2	−5.75	.44	S5<S2	−4.06	.35
	S5<S3	−4.54	.41			
	S5<S4	−3.41	.31			
Bw	S1<S2	−3.96	.38	S1<S2	−4.58	.45
	S5<S1	−3.95	.31	S1<S3	−4.56	.43
	S5<S2	−7.90	.77	S5<S2	−4.65	.41
	S5<S3	−6.03	.60	S5<S3	−4.64	.43
	S5<S4	−5.61	.45			
Bc	S1<S2	−3.53	.32	S1<S3	−4.11	.38
	S1<S3	−4.63	.42	S1<S4	−4.32	.37
	S1<S4	−3.50	.30			
	S5<S2	−4.12	.38			
	S5<S3	−5.22	.45			
	S5<S4	−4.09	.38			
Bs	S5<S1	−3.89	.29	S3<S1	−3.38	.27
Br	S1<S3	−3.86	.39	S1<S5	−6.92	.47
	S1<S4	−6.12	.54	S2<S5	−6.01	.40
	S1<S5	−12.41	.87	S3<S5	−5.82	.41
	S2<S4	−4.14	.35	S4<S5	−6.72	.51
	S2<S5	−1.43	.75			
	S3<S5	−8.54	.61			
	S4<S5	−6.28	.43			

Note：Bpc＝Between Pinyin and character，Bw＝Between words，Bc＝Between clauses，Bs＝Between sentences，Br＝Between revisions

Table 4 *Significant results from post hoc Bonferroni tests examining the effects of stage on pause duration* ($p<.01$)

	L2 writer ($N=32$)			L1 writer ($N=32$)		
	Stage	t	d	Stage	t	d
Total	S2<S5	5.17	.39	S3<S5	3.62	.35
	S3<S5	4.57	.39			
	S4<S5	4.38	.38			
Bs	S2<S1	−5.63	.37	S2<S1	−9.33	.49
	S3<S1	−5.82	.37	S3<S1	−11.26	.54
	S4<S1	−4.77	.31	S4<S1	−11.46	.54
				S5<S1	−6.75	.45
				S3<S5	−4.61	.42
				S4<S5	−4.80	.45
Br	S1<S5	−7.21	.70	S1<S5	−5.46	.48
	S2<S5	−6.12	.62	S2<S5	−6.46	.62
	S3<S5	−7.48	.77	S3<S5	−4.73	.46
	S4<S5	−5.08	.40	S4<S5	−4.17	.33

Note: Bs=Between sentences, Br=Between revisions

Stimulated recall comments that shed light on writers' thoughts during pauses are summarised by stage in Table 5. Similar to the findings for the whole writing session, L2 writers devoted most of the time (around half) in pausing to translation processes, followed by planning and reviewing, in each writing stage. The percentage of translation-related comments was slightly higher in Stages 2, 3 and 4 than in Stages 1 and 5. There was a sharp drop in the percentage of planning-related comments after Stage 1, but an increase in the percentage of comments referring to monitoring activities from the beginning to the end, with noticeable growth between Stage 4 and Stage 5. Taking text location into account, pauses at clause boundaries and below were more likely to be linked to translation processes (lexical retrieval in particular), while between-sentence pauses tended to be associated more with planning activities (primarily with content planning). Pauses between revisions were mainly related to content planning in the initial stage, but to monitoring towards the latter stages of writing.

Different from L2 writers, L1 writers spent most timeon planning in each stage. They spent around half of the time in planning from Stage 1 to Stage 3, while the percentage dropped below 45% in the last two stages. The percentage of comments on translation remained stable (around 40%) across stages. L1 writers made most references to translation for pauses at word boundaries or below, but on planning for pauses at clause boundaries and above. Similar to L2 writing, monitoring activities were few in the first four writing stages, but they increased considerably in Stage 5. Pauses between revisions were more often linked to monitoring in Stage 5 than in earlier stages.

Table 5 Pause-associated cognitive activities by location and stage in Chinese writing

Stage		Planning			Translation					Monitoring	Others	No recall	Total
		Content	Organisation	Total (%)	Translation in general	Lexical retrieval	Syntactic encoding	Cohesion	Total (%)	Total (%)	Total (%)	Total (%)	Total (%)
L2 writer (N=32)													
1	Total	188	24	212 (34%)	36	158	92	23	309 (49%)	31 (5%)	20 (3%)	57 (9%)	629 (100%)
2	Total	136	11	147 (25%)	51	200	70	18	339 (58%)	54 (9%)	8 (1%)	32 (6%)	580 (100%)
3	Total	128	9	137 (26%)	65	157	49	15	275 (52%)	62 (12%)	5 (1%)	54 (10%)	533 (100%)
4	Total	118	4	122 (25%)	47	159	46	11	263 (54%)	61 (13%)	2 (0%)	39 (8%)	487 (100%)
5	Total	100	6	106 (24%)	36	110	30	11	187 (43%)	123 (28%)	3 (1%)	18 (4%)	437 (100%)
L1 writer (N=32)													
1	Total	154	19	173 (46%)	58	51	13	15	137 (36%)	25 (7%)	19 (5%)	26 (7%)	380 (100%)
2	Total	197	12	209 (48%)	49	98	22	6	175 (40%)	28 (6%)	2 (0%)	25 (6%)	439 (100%)
3	Total	202	8	210 (48%)	57	81	12	10	160 (37%)	40 (9%)	2 (0%)	23 (5%)	435 (100%)
4	Total	180	4	184 (43%)	79	83	16	11	189 (44%)	28 (7%)	3 (1%)	23 (5%)	427 (100%)
5	Total	142	7	149 (38%)	53	77	17	3	150 (38%)	76 (19%)	4 (1%)	18 (5%)	397 (100%)

Note: Stage-wise data by location are available in Tables S7 and S8 in Supplemental material.

4　Discussion

4.1　Pausing patterns in Chinese writing

Analyses of keystroke-logging data revealed that L2 writers of Chinese paused most frequently between words. The finding is partly consistent with Spelman Miller (2000) who also observed L2 writers of English paused most often at word boundaries. It is assumed that L2 writers were more likely to be confronted with linguistic problems in writing, which were often linked to lexical retrieval (Murphy & Roca de Larios, 2010). To tackle this crucial problem, more cognitive resources tended to be allocated to looking for suitable lexical items in L2, which resulted in more between-word pauses. This explanation was evidenced in the thoughts that L2 writers reported in stimulated recall: between-word pauses were primarily associated with lexical retrieval activities. Although L1 writers of Chinese were also found to pause most frequently between words, the differences between pause frequencies between words and between sentences were much smaller in L1 than in L2 writing (1.49 versus 2.05 in Cohen's d). In addition, the verbal protocol data showed that the percentage of lexical retrieval activities in L2 writing (29%) was considerably larger than that in L1 writing (19%). This further confirmed that lexical-related linguistic encoding might be a major difficulty that forced L2 writers to devote more mental effort to lower-level processes.

It is also worth noting that L2 writers of Chinese paused relatively frequently (ranking third) between Pinyin and character. This might be attributed to Chinese logographic writing system, which makestranscribing a text cognitively demanding. Transcribing a text in an alphabetic language (e.g. English) is generally considered an automated process and requires few cognitive resources for adult writers (e.g. Flower & Hayes, 1981; Kellogg, 1996). However, this process could be burdensome when transcribing is carried out in a writing system less familiar to writers (Ellis & Yuan, 2004; Hayes, 2012). As a result, L2 writers, especially those whose L1 writing system is completely different from logographic Chinese, may have to stop frequently after typing Pinyin to select the character(s) they need among homophones because of the partial establishment of sound-form connections in Chinese orthography. Data obtained from L1 writers of Chinese lend further support to this argument. Although

L1 writers also paused between Pinyin and character during task performance, the number of such pauses (.15 per minute) in L1 writing was considerably smaller than that in L2 writing (.49 per minute).

Turning to pause duration, the result that pause duration grew with the increasing text-unit level echoes previous findings with L2 writers of English (e.g. Spelman Miller, 2000; Van Waes & Leijten, 2015), suggesting more attentional resources involved to produce a longer string of text (e.g. Alamargot et al., 2007; Révész et al., 2019). One interesting finding that emerged from the data is that L2 writers paused equally long between words and between clauses, while L1 writers paused longer between clauses than between words. It seems to suggest that in L2 writing, similar cognitive activities might be linked to pauses between words and between clauses, whereas in L1 writing, cognitive activities underlying between-word and between-clause pauses tended to be different. This was supported by the stimulated recall data where the majority of between-word and between-clause pauses were translation-related in L2 writing, while the main reason for pause between clauses in L1 writing was associated with planning. This trend tends to indicate that mental involvement in higher-order activities (e.g. planning) before the production of a clause in L2 writing is lower than that in L1 writing.

4.2 Stages of writing and pausing phenomena in Chinese writing

The results obtained from linear mixed-effects regressions suggested an effect of stages on pausing behaviours in L1 and L2 Chinese writing. The differences mainly set apart the middle stages from the initial and/or final stages of writing. Overall, L2 writers of Chinese paused less frequently in Stage 1 than in Stages 2, 3 and 4, replicating the findings of Barkaoui (2019) and Xu and Qi (2017). In addition, pause duration was found greater in Stage 5 than the middle stages in the present study. When pauses were analysed in terms of location, the effect of stages seemed to be different for pauses at smaller and larger text unit boundaries. In terms of frequency, pauses between smaller text units occurred less often only in Stage 5, while pauses between larger text units occurred less frequently in both Stages 1 and 5. In terms of duration, stages of writing appeared to have no influence on how long L2 writers paused at smaller text unit boundaries. However, longer between-sentence pauses were found in Stage 1 than in the middle writing stages. Notably, L1 Chinese writing exhibited very similar distribution patterns in terms of the frequency and duration of pauses overall and at various locations across the five stages.

The different stage effect on pauses at various locations may be attributed to the differential cognitive activities that underlie these pauses (Schilperoord, 1996). As evidenced in the stimulated recall comments reported by L2 writers of Chinese, pauses at larger text unit boundaries were primarily linked to planning processes in writing. Therefore, less frequent occurrences of pauses overall, between clauses and between sentences, as well as longer between-sentence pauses in Stage 1, may serve as an indicator of more attention being devoted to planning at the beginning of L2 Chinese writing. The findings here align with the conclusion reached by researchers studying alphabetic language writers, i.e. the initial stages of writing are dominated by planning activities (e.g. Barkaoui, 2015; Roca de Larios et al., 2008). In addition, as L2 writers of Chinese made more references to translation processes when pausing between lower-level text units, the drop in pause frequencies between Pinyin and character, between words, and between clauses in Stage 5 may indicate the end of the drafting period, in which writers were preoccupied with text formulation, and mark the start of a systematic reviewing period. This received further confirmation from the increased number of pauses between revisions in the final stage, which was mainly associated with re-reading for monitoring, as revealed in the verbal protocol data.

Interestingly, although similarities between L1 and L2 Chinese writing were observed in the behavioural data, the cognitive activities that L1 and L2 Chinese writers carried out when pausing were, to some extent, different. Unlike in L1 writing, in which planning took up around 45% of the time before coming to a noticeable decrease in the last stage, the proportion of planning activities in L2 writing dropped considerably after Stage 1. One account for this difference may be that, because of their limited proficiency in Chinese, L2 writers are more likely to encounter linguistic problems from time to time during text composition than are L1 writers (Tillema, 2012). As the writers in this study were required to produce a complete essay in 30 minutes, L2 writers might naturally and unconsciously pause more for translation purposes to overcome linguistic obstacles and produce a text meaningful to the reader within the time limit. As a result, most of their cognitive resources were occupied by translation activities, leaving less attention available for other activities due to limited working memory capacity (Kellogg, 1996). Consequently, higher-order activities, such as planning, reduced considerably after the start when L2 writers had a rough idea of what to write and how to organise the content. L1 writers, in contrast, are mostly free from linguistic barriers, and thus, enough attention would be available to ensure constant engagement in planning activities before the final writing stage.

Another possible explanation for the difference may be that L2 writers consciously adopted a decomposition strategy to prevent attention conflicts (Broekkamp & Van Den Bergh, 1996). A decomposition strategy involves breaking down the process of text production into smaller components, and it requires writers to concentrate on one or a limited number of components at a time. In other words, L2 writers may intentionally (but not completely) segregate the processes of planning, translation and monitoring, so as to allow a certain process to be maximally activated and spread over a certain stage with minimal interruption from other processes. Guided by this strategy, it is possible that L2 writers intentionally separated the processes by carrying out most of the planning activities in Stage 1 while primarily focusing on translation with little planning in subsequent stages so as to avoid cognitive overload. L1 writers, however, are highly unlikely to experience attention conflicts among ideas, organisation and language, as all the topics for writing in the current study were about daily issues. Therefore, the chances are low for L1 writers to utilise a decomposition strategy to segregate planning and translation processes, as done by L2 writers.

5 Limitation and future research

It is necessary to address the limitations of the study, which, on the other hand, point to several areas for future research. The first limitation resides in the choice of adopting a two-second pause threshold. Although using this threshold made the findings comparable to those of previous studies on pauses, whether such a choice is appropriate can be questioned. This is because the traditional two-second pause threshold was developed mainly based on observations obtained from alphabetic language writers. It has not yet been tested whether the same threshold should apply to writers of Chinese to set apart cognitive activities during writing and execution of the simple mechanics of typing. It would be interesting for further research to establish a pause threshold suitable for Chinese or non-alphabetic language writing at large. It might be conducive to start with a copy task, which involves motor-level planning only.

The findings may also be difficult to generalise due to the potential bias regarding the participants. In order to control for L1 orthographic effects, all L2 writers were L1 users of an alphabetic language (mainly English). The patterns observed here may not be generalisable to other L2 writers of Chinese, such as those whose L1 is also a non-alphabetic language (e. g. Japanese). In addition, although this study on purpose collected data from L2 writers with different Chinese proficiency to obtain a more general picture of pausing phenomena in the population, future studies are needed to explore how pausing features are related to levels of L2 proficiency. Another bias concerns the fact that the participants in this study were all relatively young and might be fairly confident with their writing skills as they volunteered for the research. However, as in most studies of L2 acquisition, it is logistically impossible to perform random sampling. Thus, we shall keep this bias in mind when interpreting the findings of the current study.

6 Conclusion and implications

This study investigated pausing phenomena in Chinese writing. The findings revealed that L2 writers of Chinese paused relatively frequently between smaller text units. L1 writers of Chinese exhibited similar pausing patterns, despite a smaller amount of pause between Pinyin and character. Second, in both L1 and L2 Chinese writing, pauses between larger text units were found to be longer and more likely to be linked to planning than translation processes. Third, most pauses occurred in the middle stages of writing. Lastly, changes in pausing-associated planning and translation processes as a function of the stage were different between L1 and L2 writing.

The findings have several important implications for theory. First, an effect of writing stages, albeit small, emerged in Chinese writing, mirroring the results of the few investigations on the role of time in pausing behaviours (e. g. Barkaoui, 2019; Xu & Qi, 2017). These findings offer support for Rijlaarsdam and Van Den Bergh's (1996) theoretical framework by extending the concept of writing as a dynamic process to Chinese writing. Second, the findings that L1 and L2 writers of Chinese paused between Pinyin and character tend to challenge the shared belief in a fully automated transcription process in adults' writing (e.g. Flower & Hayes, 1981; Kellogg, 1996). It is speculated that when producing essays in Chinese, writers, L2 writers in particular, may have to allocate a certain amount of attention to transcribing a text. This indicates that transcription is an essential component when modelling writing processes in a non-alphabetic language.

Some tentative pedagogical implications can also be drawn based on the findings. L2 writers of Chinese should be encouraged to devote more attention to higher-order activities, such as planning and monitoring, rather than focusing mainly on how to formulate error-free texts. One way to achieve this is to prepare them with the orthographic and vocabulary knowledge that may be needed for completing the writing task. In addition, L2 writers may also benefit from learning strategies that can help to distribute cognitive resources in a more effective way, such as defining clear goals for certain stages.

Methodologically, it is worth highlighting the importance of combining quantitative and qualitative data sources to draw a more thorough picture of writers' mental representations during text production. Another contribution lies in the application of a relatively new technique, i.e. keystroke logging, to collect data on real-time text production processes in Chinese.

References

Latif A., & Muhammad M. (2008) A State-of-the-Art Review of the Real-Time Computer-Aided Study of the Writing Process. *International Journal of English Studies*, 8(1), 29 – 50.

Latif A., & Muhammad M. (2009). Toward a New Process-Based Indicator for Measuring Writing Fluency: Evidence from L2 Writers' Think-Aloud Protocols. *Canadian Modern Language Review*, 65(4), 531 – 558.

Alamargot, D., Dansac, C., Chesnet, D., & Fayol, M. (2007) Parallel processing before and after pauses: A combined analysis of graphomotor and eye movements during procedural text production, In M. Torrance, L. Van Waes, & D. Galbraith (Eds.), Writing and cognition: Research and applications, 13 – 29, Amsterdam, The Netherlands: Elsevier.

Barkaoui, K. (2015) Test Takers' Writing Activities During the TOEFL iBT © Writing Tasks: A Stimulated Recall Study. *ETS Research Report Series*, 2015(1), 1 – 42.

Barkaoui, K. (2016) What and When Second-Language Learners Revise When Responding to Timed

Writing Tasks on the Computer: The Roles of Task Type, Second Language Proficiency, and Keyboarding Skills. *Modern Language Journal*, 100(1), 320 - 340.

Barkaoui, K. (2019) What can L2 writers' pausing behavior tell us about their L2 writing process? *Studies in Second Language Acquisition*, 41(3), 529 - 554.

Broekkamp, H., & Van Den Bergh, H. (1996) Attention strategies in revising a foreign language text, In H. Van Den Bergh & G. Rijlaarsdam (Eds.), Theories, Models and Writing research, 170 - 181, Amsterdam University Press.

Carl, M. (2012) Translog-II. 13th International Conference on Intelligent Text Processing and Computational Linguistics.

Chenoweth, N. A., & Hayes, J. R. (2001) Fluency in Writing: Generating Text in L1 and L2. *Written Communication*, 18(1), 80 - 98.

Egi, T. (2008). Investigating Stimulated Recall as a Cognitive Measure: Reactivity and Verbal Reports in SLA Research Methodology. *Language Awareness*, 17(3), 212 - 228.

Ellis, R., & Yuan, F. (2004) The Effects of Planning on Fluency, Complexity, and Accuracy in Second Language Narrative Writing. *Studies in Second Language Acquisition*, 26(1), 59 - 84.

Flower, L., & Hayes, J. R. (1981) A Cognitive Process Theory of Writing. *College Composition and Communication*, 32(4), 365 - 387.

Gánem - Gutiérrez, G. A., & Gilmore, A. (2018) Tracking the Real-Time Evolution of a Writing Event: Second Language Writers at Different Proficiency Levels. *Language Learning*, 68(2), 469 - 506.

Hayes, J. R. (2012) Modeling and Remodeling Writing. *Written Communication*, 29(3), 369 - 388.

Kellogg, R. T. (1996) A Model of Working Memory in Writing, In C. M. Levy & S. Ransdell (Eds.), The science of writing: Theories, methods, individual differences, and applications, 57 - 72, Lawrence Erlbaum Associates.

Leijten, M., & Van Waes, L. (2006) Inputlog: New perspectives on the logging of on-line writing processes in a Windows environment, In K. P. H. Sullivan & E. Lindgren (Eds.), Computer Key-Stroke Logging and Writing: Methods and Applications, 73 - 94, Elsevier.

Leijten, M., & Van Waes, L. (2013) Keystroke-logging in Writing Research: Using Inputlog to Analyze and Visualize Writing Processes. *Written Communication*, 30(3), 358 - 392.

Lindgren, E. (2005) Writing and revising: Didactic and Methodological Implications ofKeystroke-logging, PhD thesis, Umeå University.

Lindgren, E., & Sullivan, K. P. H. (2006) Writing and the Analysis of Revision: An Overview, In K. P. H. Sullivan & E. Lindgren (Eds.), Computer Key-Stroke Logging and Writing, 31 - 44, Elsevier.

Liu, H., & Ling, W. (2012) Comparison and Analysis between Domestic and Foreign Studies on

Second Language Writing. *Yunnan Shifan Daxue Xuebao*（*Duiwai Hanyu Jiaoxue yu Yanjiu Ban*）（*Journal of Yunnan Normal University*（*Teaching and Research on Chinese as a Foreign Language*）），10(3)，29 - 40.

Matsuhashi, A. (1981) Pausing and Planning: The Tempo of Written Discourse Production. *Research in the Teaching of English*，15(2)，113 - 134.

Medimorec, S., & Risko, E. F. (2017) Pauses in written composition: On the importance of where writers pause. *Reading and Writing*，30(6)，1267 - 1285.

Murphy, L., & Roca de Larios, J. (2010) Searching for words: One strategic use of the mother tongue by advanced Spanish EFL writers. *Journal of Second Language Writing*，19(2)，61 - 81.

Plonsky, L., & Oswald. (2014) How big is "big"? Interpreting effect sizes in L2 research. *Language Learning*，64(4)，878 - 912.

Polio, C., & Friedman, D. A. （2017）*Understanding，Evaluating，and Conducting Second Language Writing Research*. Routledge.

Révész, A., Kourtali, N.-E., & Mazgutova, D. (2017) Effects of Task Complexity on L2 Writing Behaviors and Linguistic Complexity. *Language Learning*，67(1)，208 - 241.

Révész, A., & Michel, M. (2019) Introduction to the special issue. *Studies in Second Language Acquisition*，41(3)，491 - 501.

Révész, A., Michel, M., & Lee, M. (2019) Exploring second language writers' pausing and revision behaviors: A mixed methods study. *Studies in Second Language Acquisition*，41(3)，605 - 631.

Rijlaarsdam, G., & Van Den Bergh, G. (1996) The Dynamic of Composing—An Agenda for Research into an Interactive Compensatory Model of Writing: Many Questions, Some Answers, In C. M. Levy & S. Ransdell (Eds.), The science of writing: Theories, methods, individual differences, and applications, 107 - 126, Lawrence Erlbaum Associates.

Roca de Larios, J., Manchón, R. M., Murphy, L., & Marín, J. (2008) The Foreign Language Writer's Strategic Behaviour in the Allocation of Time to Writing Processes. *Journal of Second Language Writing*，17(1)，30 - 47.

Schilperoord, J. (1996) *It's about Time: Temporal Aspects of Cognitive Processes in Text Production*. Rodopi.

Spelman Miller, K. (2000) Academic writers on-line: Investigating pausing in the production of text. *Language Teaching Research*，4(2)，123 - 148.

Spelman Miller, K. (2005) Second language writing research and pedagogy: A role for computer logging? *Computers and Composition*，22(3)，297 - 317.

Tillema, M. (2012) Writing in first and second language: Empirical studies on text quality and writing processes. PhD thesis, LOT.

Van Den Bergh, H., & Rijlaarsdam, G. (1996) The Dynamic of Composing: Modeling Writing Process

Data, In C. M. Levy & S. Ransdell (Eds.), The science of writing: Theories, methods, individual differences, and applications, 207 – 233, Lawrence Erlbaum Associates.

Van Den Bergh, H., & Rijlaarsdam, G. (2001) Changes in Cognitive Activities During the Writing Process and Relationships with Text Quality. *Educational Psychology*, 21(4), 373 – 385.

Van Waes, L., & Leijten, M. (2015) Fluency in Writing: A Multidimensional Perspective on Writing Fluency Applied to L1 and L2. *Computers and Composition*, 38, 79 – 95.

Van Waes, L., Leijten, M., & Van Weijen, D. (2009) Keystroke-logging in Writing Research Observing Writing Processes with Inputlog. *German as a Foreign Language*, 2, 41 – 64.

Wang, Z., Guo, Y., Zheng, S., Xu, W., Liu, L., Liu, Z., & Cui, X. (2018) Users' location analysis based on Chinese mobile social media. *Concurrency and Computation: Practice and Experience*, e4669.

Wengelin, Å., Torrance, M., Holmqvist, K., Simpson, S., Galbraith, D., Johansson, V., & Johansson, R. (2009) Combined eyetracking and keystroke-logging methods for studying cognitive processes in text production. *Behavior Research Methods*, 41(2), 337 – 351.

Xu, C., & Qi, Y. (2017) Analyzing pauses in computer-assisted EFL writing-A computer keystroke-log perspective. *Educational Technology and Society*, 20(4), 24 – 34.

作者简介

陆筱俊,应用语言学博士(伦敦大学学院),现就职于东南大学海外教育学院。主要研究兴趣为汉语作为第二语言习得,二语写作。Email:101012892@seu.edu.cn。

"我看"在交际互动中的分布及其语用特点

徐晶凝

北京大学对外汉语教育学院

提　要　本文基于影视剧对白和自然口语语料，观察描写了立场标记"我看"在交际互动中的分布及其语用特点。研究发现，说话人倾向于在交际参与者立场不一致的互动语境中使用"我看"承接话题，积极表达看法或提出建议。在少数情况下，"我看"也可以用来开启新话题。从言语行为及语用特点的角度看，"我看"主要用于引导定论性断言和终决性建议，但其祈使语力较弱，操控度不高。此外，在自然口语中"我看"还可用作填充语，引导思路。

关键词　立场　施为行为　陈述行为　操控度　终决性

一　引言

依据其在交际互动中的功能，"我看"至少可以分为五个。例如：

(1) 下午没课……哎，**我看**你二叔穿一短袖褂子在门口晃悠，今儿最高温度可才15度……要什么单儿啊，找病！

(2) 她要不是喜欢上那什么姓孟的老师，八成还是个已婚男子，就算我走了眼，别看我眼睛小，**我看**这事儿一看一准儿……哎，小张跟小刘那事儿，就是我先发现的。

(3) ……这个不会是头一次吧，**我看**你岁数跟我差不多，在电视台工作了很长时间呐？

(4) **我看**你们这一走反倒好，平常啊你们是太溺爱那孩子了，我想管也插不上手。

(5) 我准备得，我记一下，行，**我看**我要有可能，我还是星期……八月十六号我也飞北京呐，噢，那样，那样不一定能找到，因为我们直接就，就是坐下午飞机，呃，火车就回……

例(1)中,"我看₁"引出的是说话人观察到的客观事实,相当于"我看见"。例(2)中,"我看₂"是说话人对自己判断能力的叙述,相当于"我判断"。这两种"我看"都与其后所带宾语关系紧密,删除"我看"后句子命题意义会发生改变,甚至句子不自足,而且"我"与"看"的结合比较松散,中间都可以插入语气助词,如"我啊,看……"。

例(3)中,"我看₃"用于引出说话人基于"眼睛所见"而进行的推断。例(4)中的"我看₄"只用于引出说话人的一个主观推断,与"眼睛所见"几乎没有关联。这两个"我看"在句中的位置比较灵活,还可以插入到小句主语与谓语之间,或置于句末①。例(5)中,"我看₅"与"眼睛所见"也毫无关系,只是说话人在交谈过程中用来引导思路的。

"我看₃"相对而言虚化程度弱一些,还保留着原本的词义来源,但在交际互动中已经成为一个固化表达式而与一般的主谓结构有所不同。"我看₄"与"我看₅"的虚化程度则已然很高。其中,"我看₄"还有不同的变体形式,如"依我看、照我看、(根)据我看"等。总体而言,这三个"我看"都具有一定的语音上的整合性,一般不可分离(Bybee 2001；Tao 1996)②,可以看作是立场标记(stance marker, Englebretson 2007)。本文将以这三种"我看"作为研究对象。以下行文中除特别需要外,不再加注数字下标。

以往学界对"我看"的研究,主要关注的是它的话语标记身份、主观化特点、虚化过程及其与现实情态、认识情态等范畴间的关系(高增霞 2003；曾立英 2005；陈振宇、朴珉秀 2006 等)。刘月华(1986)、殷树林(2012)等对"我看"在语篇中的话语功能有所描写,指出它既可以引出说话人的看法,也可以引出说话人的建议或提议。但这两大功能在语篇中的具体分布情况以及"我看"在交际互动中表现出的语用特点,尚未得到细致的分析与描写。而在对外汉语教学中,如何帮助留学生根据交际互动的需要,在"我看、我觉得、我想、我认为"等立场标记中进行得体的选择与运用,却是最需要解决的问题(张妍 2006；徐晶凝 2012)。因此,本文将在真实的互动语篇中观察"我看"所出现的互动语境及其语用特点。

本研究所依据的语料主要有两种:一种是影视剧对白与剧本,包括电视剧《我爱我家》《婚姻保卫战》《我的青春谁做主》,老舍剧本《龙须沟》《残雾》《春华秋实》《方珍珠》《柳树井》《女店员》《全家福》《西望长安》等；第二种是自然口语语料,包括电话录音语料 Callfriend 和媒体语言语料库(NBMLC)。在这些语料中,我们检索到的"我看"及其变体形式的分布情况如下③:

表1 "我看"及其变体形式在各语料中的分布情况

变体形式	影视剧对白与剧本语料		自然口语语料	合计
	《我爱我家》	其他影视剧语料		
我看/俺看	197	115	114	426

续表

变体形式	影视剧对白与剧本语料		自然口语语料	合计
	《我爱我家》	其他影视剧语料		
据我看		21	3	24
要我看			22	22
依我看/依俺看	6		14	20
照我看		2	10	12
要叫我看		4	1	5
在我看			3	3
要依(着)我看		2		2
按我看			1	1
根据我看			1	1
就我看			1	1
要照我看			1	1
我看着④	1			1
依俺看着⑤	1			1
合计	205	144	171	520

本文即以这 520 个用例作为研究依据。其中,分析"我看"的互动语境时,我们主要依据的是《我爱我家》的 205 条语料,这是因为互动语境的分析,需要在完整的语篇环境中进行观察,但考察全部影视剧语料工作量过于庞大,而且各影视剧中的人物关系并不完全一致。因此,我们只对《我爱我家》进行穷尽分析,以观察说话人是在何种情况下启用"我看"的。而统计"我看"的语用特点时,我们将对全部影视剧语料进行考察,以尽可能全面地从词汇-句法特征方面提供论据。同时,影视剧剧本中的语言毕竟与自然口语有所不同(陶红印、刘娅琼 2010),因此,我们还在 Callfriend 和 NBMLC 中对"我看"的用法进行核查,以观察"我看"在自然口语中是否具有更多功能。

二 "我看"句的互动语境

本节我们将主要以《我爱我家》中 205 个立场标记"我看"作为研究对象,穷尽统计观察"我看"句所处的互动语境。其他语料中发现而《我爱我家》中未发现的用法,我们将使用其他语料中的例子进行补充描写。

在观察某个词或句式所处的互动语境时,通常是在邻近对(adjacency pairs)中进行,对始发语与应答语所实现的言语行为进行观察。但本文对"我看"句的观察窗口,不局限于邻近对,而是以"话题单元"作为观察视域。如:

(6)和平₁:这小张,怎么最近说话酸不溜丢的?

……

傅老:大家的提醒很有必要,是不是对她最近一个时期的思想教育有些放松呢?

和平₂:爸,也不能都怨您,弄不好啊,都是看那台湾新加坡电视剧看多了闹的!

志国:**我看**啊,都是那本《汪国真抒情诗选》读出来的毛病。

志新:也没准儿备不住是动了当演员的念头,就跟那《编辑部的故事》里那小保姆似的。

圆圆:我说你们都猜到哪儿去了!还是一帮成年人呢,连这都看不出来:小张阿姨谈恋爱了。

在这个交际互动单元里,大家共同围绕着"小张最近怎么了"这个话题发表看法参与互动,几个话轮构成一个话题单元。如果在邻近对中进行观察,那么志国是紧接和平₂发言,表达了一个与和平不同的观点。但从话题单元的角度来看,志国的发言实际上是与和平₁相接续,是积极贡献自己的观点,并不是为了表达对和平观点的反对。因此,本文在话题单元里观察"我看"所处的位置与所实现的功能。

在某些交际场景中,"我看"可以从多个功能角度进行解释。如:

(7)志国:怎么茬儿啊?咱们赶紧商量个对策吧,啊?谁唱红脸谁唱白脸?是围剿还是招安?

和平:彻底围剿!绝对的,小小的年纪学会离家出走夜不归宿了还,长大这还了得了?一定把她这种苗头掐死在摇篮里!省着将来后悔。

傅老:**我看**呐,还是招安吧。和风细雨,和颜悦色,和蔼可亲,少发火。

和平:爸,您那叫三和一少,典型的修正主义。

在这个交际场景中,三方交际参与者积极围绕"如何处理圆圆"的话题进行讨论。志国提出两种可能的方案,和平、傅老分别作出回应,傅老使用"我看"引出自己的意见,既可以看作是回应志国的询问直接给出答案,也可以看作是对和平的反驳。在进行语料归类统计时,我们主要依据的是"我看"句在整个话题单元中最凸显的话语作用,此例中,我们将之归为"表明不同立场"。

从在整个话题单元里所处的位置看,"我看"句绝大多数都处于承接话题的位置,仅有 19 例用于开启话题。而在承接话题位置，根据"我看"句所承担的话语功能，我们可以把"我看"的语境分布归纳为四种。下面我们分别进行描写。

2.1 "我看"句用于承接话题

2.1.1 终结不定局面

交际参与者在经过一番争执、讨论、拿不定主意的情形后，说话人用"我看"提出一个建议或一种看法，以结束这种不定、混乱的局面，带有"既然是这样的一种复杂情况，那么就这么办吧"的含义。用于这样的语境分布时，说话人的语句中往往会使用"行了""好了""得了""算了""既然……，就""这样吧""干脆""我决定（了）""还是"等语汇。如：

(8) 和平：哎哟这留谁不留谁呀？唉这可真有点儿像我们那大鼓曲儿里唱的，叫"两个冤家都难抛下舍不得你也放不下他"就那段儿……志国你说呢？

志国：**我看**你们也别争了，都留下来再试用一天，一颗红心两手准备吧。

(9) 傅老：好了好了好了好了，这个**我看**这样吧，不就是篇作文嘛……我们就不要横加干涉了嘛，圆圆你也要抓紧，写好了之后，给我们大家都念一念……

例(8)中，两个小保姆争夺工作机会，各说各的优势，和平难以作出决断，志国用"我看"提出一个最终解决方案，以结束不定局面。例(9)中全家人就圆圆如何写作文各执己见，傅老用"我看"引出解决方案结束了不定局面。

2.1.2 表明不同立场

说话人也可以使用"我看"引导表明自己不同于其他交际参与者的立场。主要有如下几种分布。

一是说话人直接反驳另一方的意见或提议，带有"不留情面"的特点。如：

(10) 和平：爸爸爸，您……那是我生病说胡话，您千万别往心里去。

傅老：**我看**不是胡话，是真话、实话、心里话！

(11) 志新：总之，……具体到咱们家，您睁开眼睛看看，没有电脑的生活，多么可怜！

傅老：有什么可怜的？**我看**我们家生活得挺好的。志新呀，你好不容易回来一次，吃饱了喝足了，你就不能踏踏实实待一会儿啊？

例(10)中，傅老对和平进行了直接反驳，几乎没有面子考虑。例(11)中，傅老先用反问句直接否定了志新的观点，然后用"我看"句正面阐述了自己的不同看法。这种"反问＋我看"的组合模式，在语料中共检索到 27 例，在"我看"的该类语境分布中约占 44%。

根据徐晶凝(2012),说话人用"我觉得"表达与对方不一致的意见时表现出很强的面子关照,但在这一语境中使用"我看"却几乎没有面子考虑。

二是说话人在实施安慰、劝阻、批评、提供建议等言语行为时使用"我看",我们分别举例如下:

(12)志国:朝阳啊,**我看**你还是想开一点儿,投票结果呢只能说明群众呢对你有一些意见……

(13)老胡:拼了就拼了我就不信我打不过她。

……

傅老:老胡,先礼,后兵,不打无把握之仗么,**我看**你还是先回去,做做你太太的工作……

(14)志国:好好好好好,我来我来,今天晚上我就是不睡觉我也帮你想出几条好缺点来,好好地转化转化,让北京市的所有好中学都抢着要你。

圆圆:(情不自禁)嘿嘿嘿嘿……

傅老:哼,这么点儿孩子,你就教她弄虚做假,**我看**倒是你自己该好好转换一下了。

(15)陈大妈:……咱们居委会在她们家办了个小饭桌,谁知道她早不病晚不病,单单这两天区里来检查工作,她倒生起病来了。

傅老:有病治病嘛,既来之则安之。

陈大妈:安得了么?那么些孩子还等着吃饭呐,哎哟……啊,老傅啊,**我看**,她躺倒了,要不,您接一下?

例(12)"我看"用于安慰,例(13)用于劝阻,例(14)用于批评,例(15)用于提供不利于听话人的建议。在这些语境中,"我看"所引导的行为都表达了说话人与听话人不一致的立场。

"我看"所引导的表达"不同立场"的第三种分布,如下例所示:

(16)齐母:志芳,**我看**你得意得出奇呀,敢跟我嘴儿来嘴儿去的?⑥

(17)(和平要打圆圆)

傅老:啊你们敢!我早都准备好了,**我看**你们俩呀,谁敢动她。

(18)和平:我就不管他了,我就愣生了,**我看**他们能把我怎么着吧!

例(16)中,说话人对听话人的行为作出判断,而该行为在说话人看来,是听话人突破了某些界限的胆大妄为,带有强烈的批评和不满色彩。例(17)和(18)中,"我看"所表达的分别是说话人判断听话人和第三方不敢实施某行为的态度,带有威胁或挑战的意味。

这两种用法是"我看"所独有的,其他立场标记如"我觉得、我想、我认为"等都不能这样使用。

2.1.3 赞同一方意见

在交际中,说话人也可使用"我看"句明确赞同另一方的观点或提议,有"我看也行""我看也是""我看也对"等语块表达式(chunk)。如:

(19)和平:……走走走,咱去问问她,长大了想干什么,咱现在就得定向培养。

志国:你怎么想起一出儿是一出儿啊?

傅老:**我看**和平这个意见还是对的。

(20)和平:您想什么呢? 第一天,顶多八根,往后每天减一根,不许讨价还价,啊。

傅老:啊这个样子,如果花色品种对路的话,**我看**问题不大嘛哈哈。

和平:哟,爸,您同意啦?

2.1.4 积极贡献看法

有时候,说话人用"我看"既不是要终止争论,也不是要反驳或赞同他人的观点,而只是提出自己的一个观点或提议。主要有两种情况。一是积极回应交际另一方的询问。如:

(21)和平:咱是一三五还是二四六呀?

苏苏父亲:**我看**都算上吧,星期天也别落下。

二是在谈话过程中,说话人预想到对方可能会问到某个相关问题而直接给出答案或建议。如:

(22)苏苏父亲:至于这个工资呢(握上和平手),啊……工资**我看**这样吧,工资**我看**就按你的演出费翻两番,行不行?

2.2 说话人开启新话题

在以上四种分布中,说话人都是用"我看"来承接某个话题表达立场,发表看法。但在某些交际场景中,说话人也可以用"我看"开启一个新话题。如:

(23)傅老:……(小兰把傅老腿抬起捶,一惊,接着看报)啊好好好,**我看**北京市这个远景规划还是切实可行的嘛。

小兰:有您老的关心一定能提前实现。

(24)傅老:我可好几天都没有见到他了。

圆圆:(上)嗯就是,现在见我爸呀,比见张国荣还难。

……

傅老:和平啊。

和平:哎。

傅老:**我看**啊,这一段儿家里的气氛,不大对头啊。

例(23)中,傅老在看报的过程中基于对报纸信息的了解而用"我看"发表了一个看法,改变了当前交际互动的话题。例(24)中,傅老在交际互动中话锋一转,提出了新的话题。

2.3 小结

总体来说,"我看"在五种互动语境中的分布不甚平衡,其分布比例见下表。

表2 《我爱我家》中"我看"句的互动语境分布

互动语境	承接话题							开启话题
	终结不定局面	表明不同立场			赞同一方意见		积极贡献看法	
		直接反驳	安慰、批评、劝阻等	威胁、挑战	赞同X,反对Y	赞同		
数量	44	61	22	7	9	18	25	19
比例	21.4%	43.9%			4.4%	8.8%	12.2%	9.3%

终结不定局面,究其实质,也表明了说话人与其他交际参与者持有的立场不同,因为说话者意图终结争论不定的交际局面,就意味着他与所有交际参与者"不一致"。有趣的是,我们在语料中发现,当说话人用"我看"赞同一方意见时,有时候也隐含着对第三方的不赞同,如例(19)中,傅老赞同和平,也同时反驳了志国。这种用法与前两种用法合计占比接近70%。

因此,总体来说,"我看"主要用于交际参与者立场"不一致"的互动语境中,在这一点上,它与另一个立场标记"我觉得"(徐晶凝2012)表现相同。郑贵友(2016)研究发现,"我觉得""我看""我认为"等是主要的"修正语"构成成分,即用于后一话轮中提出不同的看法和见解,以实现话语修正。因此,"不一致"或许是"我看"类立场标记对交际互动语境的共同的倾向性要求。

另外,在自然口语中,说话人还可以在说话过程中用"我看"充当填充语(filler),引导思路,自说自话,主要有两种情况。一是说话人在回忆某件事情时,使用"我看"以帮助引导出回忆的内容。如:

(25)但是呢我有同事告诉我一个细节,让我挺意外也特别感动,**我看**啊,应该是2009年的时候,当时有一个大型的活动,就是叫……(媒体语言语料库)

二是在谈论将来事件时,说话人使用"我看"引导思路,预期规划未来的某种可能性。如例(5)。

这种用法的"我看"在《我爱我家》中没有出现,在媒体语言语料库和电话录音语料中检索到18例。

三 "我看"句的语用特点

刘月华(1986)、殷树林(2012)等指出,"我看"在交际互动中,既可用于引出说话人的看法,也可用于引出说话人的建议或提议。从言语行为(speech act,Austin 1975)的理论视角看,"说话人的看法"实际上指的是一种陈述行为(constative),即说话人根据某种现象作出主观推论或下断言。"说话人的建议或提议"则是一种施为行为(performative),即说话人以言行事。也就是说,"我看"既可以引导陈述行为,也可以引导施为行为。

本节我们将分别按照陈述行为和施为行为来观察"我看"句的语用特点。在交际互动中,"我看"句表现出看似互相矛盾的两个语用特点:一是终决性,二是低操控度。这一点突出表现在其引导施为行为时。

3.1 终决性

从"我看"的语境分布来看,无论它引导的是施为行为还是陈述行为,都表现出一种强烈的语用特点,即说话人以高确信的姿态明确地将自己的立场表达出来,我们称之为终决性。这种特点可能是21.4%的"我看"用于终结不定局面的影响因素。下面我们从言语行为以及词汇—句法特征的角度来进一步说明"我看"的终决性特点。

3.1.1 引导陈述行为时

当"我看"所引导的是陈述行为时,终决性表现为两点。一是它引导"定论性断言",语句中较少使用情态动词、情态副词等减低承诺度的词语。如:

(26)和平:就一人五十块钱标准折给咱钱吧。

孟朝阳:……这,这这这不要我命么这个,伯父,您给说句公道话(捶傅老腿)。

傅老:**我看**和平这个说法就很不妥当!

二是说话人多用"我看"直接表明立场,发出定论,而极少用其引导"理据性断言",即"我看"所引导的断言极少作为另外一个论断的理由出现。如:

(27) 傅老：……和平这一段儿身体不好是事实，但总不至于一下子要死要活吧？**我看**毛病还是在这里！

(28) 小桂：爷爷，**俺看**他倒不像花花公子，倒像花花老爷，特有钱，花花地往外给，刚才，俺就帮他提了两捆菜，还给俺两块钱呢。

在这两个用例中，说话人用"我看"引出定论，之前或之后则陈述了其作出该断言的理由。在语料中，我们仅检索到11例"我看"用于引导理据性断言，如例(3)。再如：

(29) **我看**你家霹雳是个蔫有主意的主儿，你只管放手吧，将来不定干出什么惊天动地的事呢。

在这个例子中，"我看"所在话轮整体表达的是一个建议，其核心言语行为（head speech act）是"你只管放手"，但在该建议行为之前与之后，说话人给出了建议的理由，所以，"我看"直接引导的是辅助行为（supportive move, Blum-Kulka et al. 1989），实质上是直接引导一个陈述。图示如下：

施为行为：建议		
辅助行为	核心行为	辅助行为
我看你家霹雳是个蔫有主意的主儿	你只管放手吧	将来不定干出什么惊天动地的事呢

3.1.2 引导施为行为时

当"我看"所引导的是施为行为时，其终决性则表现为语句中多含有凸显终决性的词汇标记项。这些词汇项包括"还是、顶好、干脆、只好"类情态副词以及"这样吧、得了、就……吧"等。

根据胡孝斌(1997)、周娟(2005)、高增霞(2010)等的研究，"还是"祈使句蕴含着"比较思量后的主观决定/建议""这样做是最终的解决问题的办法"之义。而"干脆""只好""这样吧"等在交际中所表达的功能，则是交际双方经过一些周折后，说话人希望用自己的建议把事情了结，有一种尽快结束话语的篇章功能（司红霞 2005；卢英顺 2012）。语气词"得了"所带有的无奈、干脆利落等义（李小军 2009），实际上也使得建议具有一种"一了百了"的终决意味。

另外，在"我看"所引导的某些施为行为句中，虽然并未出现上述类词汇项以表明"权衡之后的终决"，但实际上都可以补出这些词语来。如：

(30) 爸爸，**我看**您就别在这儿做检查啦，……

(31) ……**我看**就让，就让老胡推吧。

还有一个值得引起注意的现象是,"我看"所引导的施为行为句中,会高频率地使用语气助词"了$_2$"。如:

(32)**我看**你也是应该好好反思一下了,……

(33)老傅,**我看**你就不一定去了。

王力(1984)认为"了$_2$"表达决定语气,是认为某一境况已成定局,"了$_2$"高频出现于"我看"所引导的施为行为句中,可能也与"我看"所隐含的终决性有关。

3.1.3 说话人的社会地位

因为"我看"句所具有的高确信以及终决性的特点,它在交际互动中,多被社会地位高的说话人使用。在《我爱我家》中,家庭地位最高的离休老干部傅老所使用的"我看"有90余个,而年龄最小因而地位最低的孙女圆圆仅使用了3次。也就是说,"我看"主要用于"上对下"以及交际双方地位平等的交际语境中。

如果是"地位低者"对"地位高者",则说话人所发出的言语行为多是有利于听话人的。如:

(34)傅老:哎呀,这都怪我,收了钱呀还到处瞎溜达,早知道啊,还不如听你们的呐,干脆就安个十五瓦灯泡就完了,还不如啊,派个老太太去收钱呐,还不如啊……

和平:哎哟爸爸,**我看**甭找了,别回头把腰扭了更不值当的,坐下坐下……

和平作为晚辈却采用了"我看"引导的祈使句形式给出建议,从语言表达形式来看,是不甚礼貌的。但依据 Leech(1983),如果说话人所发出的言语行为是对听话人一方有益的,那么,礼貌等级低的语言手段,却可以实现为合乎礼貌的行为。因此,从损益标尺来看,和平直接使用"我看",以一种终决的态度说出对傅老有益的建议("不要扭了腰"),反倒凸显了对傅老的关心,礼貌等级并不低。

3.2 低操控度

在引导施为行为时,"我看"一方面表现出很强的终决性,另一方面又表现出较低的操控度。"我看"的这一语用特点可能是它高比例地(近70%)用于表达不一致立场的影响因素。本节我们主要从"我看"引导施为行为的用法对此特点展开论述。

"我看"句中广泛使用降低操控度的语言手段。根据 Givón(1990),降低操控度的语言手段包括"加大句子长度、明确使用被控者代名词、采用疑问句形式、使用否定、在动词上使用非现实情态、包含在情态动词或认知动词之下"等。"我看"原本即为认知动词,因此,它在引导施为行为、将施为行为作为自己的宾语小句时,自身就能起到弱化祈使语力的作用。同时,在它所引导的施为行为句中还往往同时运用情态动词或其他降低操控度的语言手段:"我看"所引导的施为行为句的平均句长为 10.4 个字,长于祈使句的平均句长;近 70% 的语料中都明确出现了被控行为的实施者;也有一些"我看"句是采用疑问句形式和否定形式表达祈使。可能正因为如此,"我看"不能用于命令类施为行为,即使直接引导无标记祈使句②,也只能用于语势较弱的建议类施为行为(袁毓林 1993;方霁 1999,2000)。

根据影视剧语料中所检索到的 126 条"我看"引导的直接施为句和间接施为句⑧,我们发现说话人主要从三个方面发出建议或提议,主要的句式构成见下表。

表 3 施为句中与"我看"共现的情态标记

建议指向(orientation)	实际句式表现
径直建议(56 例)	还是别……了/还是……得了/还是……(吧)/还是别……好/还是得……/顶好少
	干脆也别……了/(干脆)就(让)/也只好
	这样吧/(就)……吧/……得了
	是不是/行不行/好不好
以行为实施的必要性或合乎情理性为建议指向(31 例)	根本就没必要……
	就不一定……了/就不必……了/不必/必须
	倒是(也是)该……(了)/应该……(吧)/就该……(吧)/应当
	得……(了)/也得/可得
以行为实施的许可性为建议指向(23 例)	满可以……了/可以
	就不能
	不用……了吧/就不要……了(吧)/不要/要

这些与"我看"共同构成施为行为的词语都属于情态范畴(modality),主要有四类:语气助词、情态动词、情态副词和"是不是、好不好、行不行"等附加疑问格式。语句中可以只用一种,也可以两种或三种并用,如例(7)同时运用了情态副词"还是"和语气助词"吧"。不过,从语料来看,情态标记合用的情况并不常见,仅 11 例。

总之,在全部 126 条施为行为语料中,有 110 条用例均带有各种情态标记,比例高达 87.3%。所以,从言语行为的操控度等级来说,说话人用"我看"引导施为行为时,他对交际另一方是否执行该行为的要求并不强硬。

3.3 小结

当"我看"引导陈述行为时,语句中很少使用降低承诺度的情态词语,说话人以高确信的姿态发表自己的看法,积极参与某一个话题的讨论。无论是赞同对方,还是反驳对方,说话人都未对面子表现出敏感的关照态度。

当"我看"引导施为行为时,说话人要隐含表达的意义是"我希望所给的建议是最终决议"。在这种交际语境中,说话人表现出一定程度上的面子关照。因为建议等施为行为本身就是一种面子威胁行为,会触及听话人"行动的自由和不被强迫的自由"的负面子(Brown & Levinson 1987:61),所以,当说话人要发出终决性建议时,这种行为的面子威胁程度会加深,说话人有必要同时使用其他一些降低操控度的语言手段,以减轻面子威胁的程度。这种看似互相矛盾的现象,正是交际互动的需要在语言形式上的表现。

这一看似"矛盾"的语用特点在"我看"与语气助词的共现上有一个有趣的表现。在影视剧和自然口语语料中,我们只检索到"我看啊/呐/哪"61条,而未发现一例"我看吧"。但在"我看"所引导的宾语小句句末,却以语气助词"吧"最为常见,如例(31)等。若观察"我看"所带宾语小句中主谓之间可插入的语气助词,则可以发现,也只有"我看＋S啊……"用例。再看两个"啊""吧"共现的例子:

(35)**我看**呐,"爹死娘嫁人,各人顾各人"吧,咱们逃出一个算一个吧。
(36)哎哟,**我看**你呀,赶紧把这老太太打发走吧,就她这么神神叨叨的……

语气助词"啊"传达出说话人对命题的高确信,而语气助词"吧"表现出的确信度要低得多,且说话人将决定权交由对方(徐晶凝 2008)。因此,例(35)中,说话人首先用"我看呐"表明自己高确信的立场,然后在言语行为结束时使用"吧"表明自己对听话人的低操控。而在例(36)中,同样是将"啊"置于小句内部而将"吧"置于小句外部,"吧"作为高层谓语最终限定整个语句的语力。"我看"与语气助词"啊""吧"之间的这种位置选择关系,应该是与它的语义－语用特点互相印证的。

四　结束语

本文对"我看"的变体形式、"我看"句的分布语境及其语用特点进行了详细的描写,一方面可以为对外汉语教学提供可资参照的教学依据;另一方面,也有助于加强我们对汉语立场表达特点的了解。"我看"作为一个立场标记,在交际互动中主要用于表达不一致的立场,在这一点上它与"我觉得、要我说"等其他立场标记具有共同性。但"我看"高确信的语义特点,决定了其立场表达中的独特性,即"终决性";但出于交际互动的需要,引导施为行为时,它也常常与其他情态标记共现以降低对听话人的操控度。

从互动语言学的角度来说,语言语法结构的塑造与社会交际互动的运作之间是一种互育关系(Selting & Couper-Kuhlen 2001),汉语中存在的成系列的"我看"类立场标记及其变体形式,究竟在交际互动中具有怎么样的功能分工,体现了汉语说话人立场表达的哪些视角,这些话语功能的不同又如何与这些标记语自身的语义及其所在句式的特点相关,有待我们对这些立场标记逐一进行考察描述后进一步探究。

注 释

① 如:(1)这个资本市场我看,从来就没有长期稳定发展,因为人性是不稳定的……
　　(2)练家子我看,这使的是扫堂腿啊我看这是。(例句来自媒体语言语料库)
② 在实际运用中,"我看"也可以成为被叙述的内容。如:"我没什么可说的,我看应当把她放走,就把她放了。像打开笼门放走一只小鸟!"这个语句中,"我看"表达的是被叙述者"我"在彼时的一种主观判断。
③ 语料中还有2例"我看",说话人被打断,并未继续话轮,本文未加统计。如:
　　警察　有话就说吧,好话歹话都可以说,咱们是一家人!
　　二春　要依我看哪……
　　大妈　二春! 这儿有的是人,你占什么先,姑娘人家的!
④ 如:"我看着行。"
⑤ 如:"您客气,老师傅,依俺看着,您这个不是半身不遂,您这是,练功,走火了,经络不通……"
⑥ 这一用法在《我爱我家》中没有发现用例,但在其他影视剧对白中出现了,此例来自老舍《女店员》。
⑦ 根据袁毓林(1993),汉语祈使句有无标记和有标记两种形式:(1)无标记祈使句为"你+VP[+自主+可控]!"和"别/甭/少+VP(了)!"两种;(2)有标记祈使句则含有情态动词、情态副词等作为标记。
⑧ 所谓直接施为,即用祈使句表达施为行为。间接施为,即用非祈使句的形式表达施为行为,主要有两类。第一类是用疑问句形式表达祈使的功能。如:
　　(1)<u>我看</u>咱们请咱家的圆圆小朋友来唱票,并且请咱家最年长的傅明老人来监票,好不好?
　　(2)<u>我看</u>是不是优先考虑这些同志啊?
说话人虽然采用了疑问句形式,但是明确表达了让听话人实施某行为的建议,附加疑问格式"好不好""是不是"等只是起到弱化祈使语力的作用。
第二类"我看"所引导的间接施为行为,是以陈述句的形式表达的。如:
　　(3)<u>我看</u>这次我就在你们家凑合一个吧,也算是忆苦思甜了。
　　(4)<u>我看</u>呐,还是谁请的神,谁给送走得了……
从句法形式上看,"我看"所引导的宾语小句在谓语动词上与祈使句非常相似,但主语是第一人称单数和第三人称,它们都不属于祈使句,而是陈述句。但是说话人用这些语句表达的却是建议自己或某人实施某个行为。
以上这两种间接施为行为,都是规约性间接言语行为(conventional indirect speech act),即不需要依赖任何语境,语句自身即可实现为一种施为行为。

参考文献

陈振宇、朴珉秀(2006)话语标记"你看""我看"与现实情态,《语言科学》第2期,5—15页。
方　霁(1999)现代汉语祈使句的语用研究(上),《语文研究》第4期,14—18页。
方　霁(2000)现代汉语祈使句的语用研究(下),《语文研究》第1期,48—55页。

高增霞(2003)汉语担心—认识情态词"怕""看"和"别",《语法研究和探索(十二)》,412—428页,商务印书馆。

高增霞(2010)"吧"字祈使句的使用条件,《语文研究》第2期,41—45页。

胡孝斌(1997)说"还是",《语言教学与研究》第4期,148—154页。

刘月华(1986)对话中"说""想""看"的一种特殊用法,《中国语文》第3期,168—172页。

李小军(2009)语气词"得了"的情态功能,《北方论丛》第4期,68—71页。

卢英顺(2012)"这样吧"的话语标记功能,《当代修辞学》第5期,39—45页。

司红霞(2005)"这样吧"试析,《语言文字应用》增刊,153—155页。

陶红印、刘娅琼(2010)从语体差异到语法差异——以自然会话与影视对白中的把字句、被动结构、光杆动词句、否定反问句为例(上、下),《当代修辞学》第1期,37—44页;第2期,22—27页。

王 力(1984)《王力文集》(第一卷 中国语法理论),山东教育出版社。

殷树林(2012)《现代汉语话语标记研究》,中国社会科学出版社。

徐晶凝(2008)《现代汉语话语情态研究》,昆仑出版社。

徐晶凝(2012)认识立场标记"我觉得"初探,《世界汉语教学》第2期,209—219页。

袁毓林(1993)《现代汉语祈使句研究》,北京大学出版社。

曾立英(2005)"我看"与"你看"的主观化,《汉语学习》第2期,15—22页。

张 妍(2006)《欧美学生汉语中介语易混行为动词、心理动词及其辨析方法研究》,北京语言大学硕士学位论文。

郑贵友(2016)汉语"话语修正"过程内部项目的构成,《汉语学习》第3期,12—21页。

周 娟(2005)副词"还是"的非类同用法试析,《汉语学习》第5期,25—30页。

Austin, J. (1975) *How to Do Things with Words* (second edition), Oxford: Clarendon Press.

Blum-Kulka, House & Kasper (1989) *Cross-cultural Pragmatics: Requests and Apologies*. Norwood, NJ: Ablex Publishing Corporation.

Brown, P. & Levinson, S. C. (1987) *Politeness: Some Universals in Language Usage*. Cambridge: Cambridge University Press.

Bybee, J. (2001) *Phonology and Language Use*. Cambridge and New York: Cambridge University Press.

Englebretson, R. (ed.) (2007) *Stancetaking in Discourse*. Amsterdam/Philadelphia: John Benjamins.

Givón, T. (1990) *Syntax: A Functional Typological Introduction*, Amsterdam/Philadelphia: John Benjamins.

Leech, G. (1983) *Principle of Pragmatics*. London and New York: Longman Group Ltd.

Selting & Couper-Kuhlen(2001) *Studies in Interactional Linguistics*. Amsterdam: John Benjamins.

Tao, Hongyin (1996) *Units in Mandarin Conversation: Prosody, Discourse and Grammar*. Amsterdam/Philadelphia: John Benjamins.

作者简介

徐晶凝,北京大学对外汉语教育学院教授,博士生导师。主要研究方向为语篇中的时体情态范畴、教学语法。Email:xujingning@pku.edu.cn。

话语标记对汉语作为第二语言交际能力的影响和作用*

潘先军

北京第二外国语学院汉语学院

提　要　话语标记是一种常见话语现象,汉语中亦大量存在。相对汉语话语标记理论研究,目前对话语标记在对外汉语教学中作用与意义的关注还显得很不够。话语标记对学习者的语言交际能力的培养有着重要意义,主要体现在篇章能力和得体表达能力上,无论在输入还是在输出层面都对汉语交际能力存在影响,特别体现在得体表达能力上,对表达的流利性、得体性和地道性均存在正相关性,在教学中应给予应有的重视。

关键词　话语标记　交际能力　影响　作用

一　话语标记与汉语交际能力

1.1　话语标记及其教学研究

话语标记(discourse marker)是一种常见话语现象,话语标记不具有概念意义,只具有程序意义,它指明前后话语单位之间的关系,具有主观性。

话语标记研究在近十几年成为汉语研究的一个热点,涌现出了众多研究成果,但对它的应用研究却显得不足,对汉语作为第二语言或外语教学的话语标记研究成果还比较少,而且较为零散,已经出版的话语标记研究专著中有的"捎带"讨论了留学生在汉语学习中的话语标记问题,"点到为止"的意味较强。如刘丽艳(2011,184-196)在"跨文化交流"的主题下分析外国留学生(主要是韩国学生)学习和运用汉语话语标记的情况;曹秀玲(2016,245-258)最后一章"汉语作为第二语言话语标记习得研究"从教材分析与留学生测试两个方面对话语标记学习展开了研究;李治平(2015,181-200)最后一章为"言说

---

* 本文为2017年国家社会科学基金一般项目"面向国际汉语教学的汉语话语标记主观性等级研究"(17BYY118)的成果。感谢二位匿名评阅人的审稿意见,根据其意见对文章进行了修改,文责本人自负。

话语标记与第二语言教学",从留学生学习汉语出现话语标记偏误的角度进行了分析。论文数量也不多,如白娟、贾放(2006)通过调查发现,留学生使用话语标记的特点一是量少,二是只用标记的实义,少用虚义;阚明刚、侯敏(2013)从教学角度出发将话语标记按照语体分为书面语标记、口语标记两大类,但该文没有从教学角度深入探讨汉语话语标记的特点与功能,其价值在于提出了"教学启示"。此外还有多篇硕士学位论文从对外汉语教学角度对话语标记进行了研究。

1.2 语言交际能力

从第二语言教学的角度看,话语标记的习得与运用是学习者语言能力和语言交际能力的组成部分。

什么是语言能力与语言交际能力? 吕必松(2007,60)认为"语言能力是一个人掌握语言知识、语用知识和相关文化知识的能力",是内在的能力;语言的交际能力"指的是一个人用语言进行交际的能力",是语言能力的外化。二者的关系很清楚,语言能力是"体",语言交际能力是"用"。从第二语言学习角度看,培养学习者语言交际能力是教学的目标,也是根本任务,所以语言的交际能力往往是衡量第二语言学习者水平的关键因素和指标。美国语言学家卡纳尔(1983,转引自刘珣2000,79)提出语言交际能力由4个部分组成:语言能力、社会语言能力、语篇能力、策略能力,范开泰(1992)指出汉语交际能力包括语言系统能力、得体表达能力、文化适应能力三个方面。根据上述说法可以把语言交际能力归纳为语言的"体"和"用"两个方面,语言交际能力实际上是由两大部分组成的,如下图所示:

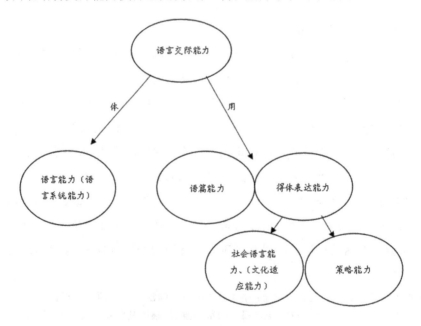

图1 语言交际能力构成图

汉语语言交际能力可通俗形象地概括为"能表达、会表达"。所谓"能表达"指具备汉语能力，懂得把要表达的材料组织为规范形式；"会表达"就是能根据具体语境准确、得体地把"能表达"的内容表达出来。

1.3 话语标记与语言交际能力的关联性

汉语交际能力的"语篇能力"和"得体表达能力"都与话语标记具有密切关联性。Traugott(2003)指出程序性与主观性是话语标记的两大特性。什么是话语标记的程序性或程序意义？Blakemore(1987)指出话语标记的程序意义表示的是话语之间或话语与语境之间的一种关系，这种关系在处理话语命题意义、语义信息时起语用制约作用。董秀芳(2007)认为话语标记"只是一个连接成分"，所以话语标记对篇章构成具有一定作用，对应到汉语学习者交际能力，就成了篇章能力的组成部分。语言的"主观性"(subjectivity)是指语言中多少含有的表现说话人本身意愿、态度、情态等主观因素的成分的一种特性，说话人在表述时，自觉与不自觉都会表明自己的感情、态度和立场，在表述中留下自身的印记。董秀芳(2007)指出话语标记"不对说话人想要表达的意义发生什么影响，基本不具有概念意义……但表明了说话人的立场和态度"，"说话人的立场和态度"就是话语标记的主观性。话语标记主观性的表达反映了汉语独有的认知方式和特点，选用合适的话语标记表达自己的主观性是达成交际目的的一个重要手段，所以对汉语学习者来说，能否得体表达与话语标记的理解和使用密切相关，话语标记与学习者语言交际能力中的得体表达能力具有关联性。

二　篇章能力与话语标记

2.1 篇章与篇章能力

篇章能力，也被称为语篇能力，这就涉及篇章的概念。"篇章"一词来自英语"discourse"或"text"，在翻译上，不同学者采用了不同的术语，诸如"篇章""语篇""话语"等，研究它的理论有"篇章语言学""话语分析"。韩礼德在《语言结构与功能》一文中指出，语言的概念、人际、语篇的三个纯理论功能，其中语篇功能对概念、人际功能有促进作用。实际上关于篇章的界定、性质等诸多问题学者的意见都不一致，有些学者认为篇章包括口语和书面语，有些学者则认为篇章不应包括口语。具有代表性的观点是廖秋忠(1992)，他认为："篇章是在一次交际过程中使用的完整的语言体。"归纳起来，篇章应该是大于单句单位的成段、成篇的话，既指书面文本，也包括口语形式。

篇章能力或语篇能力，概括起来就是指运用话语进行连贯表达的能力，包括对句际关系、超句关系、会话规则的熟悉程度。语篇能力包含了这样几个方面：第一，语篇衔接与连贯能力,如省略、替代、照应、关联语使用等;第二,语言融合能力,有效运用语言形式、结构等完成语篇理解与表达;第三,构建语篇风格的能力。

就汉语作为第二语言教学来说,"篇章能力"中的"篇章"有宏观与微观两个层次,宏观层次是指表达某一主题的完整文章,主要是指书面文章,也包括口语中正式语体独白类的文本,如演讲、报告等;微观层次是指超出单句单位的一段话,就是用语言完成某个活动或相对完整地表达某个意思,也就是对外汉语教学通常说的"成段表达"。我们关注的是微观层面的"篇章",即"成段表达","篇章能力"即"成段表达能力"。国家汉办2007年颁布的《国际汉语能力标准》将汉语能力分为三个层面五个等级,第一层为语言能力总体描述,第二层分为汉语口头交际能力与书面交际能力,第三层分为口头理解与表达能力、书面理解与表达能力;2008年颁布的《国际汉语通用课程大纲》对四级的教学目标与内容的要求有这样的内容:可以进行一些基本的成段表达,能组织简单的篇章;2002年颁布的《高等学校外国留学生汉语教学大纲》要求在中级阶段培养学生的"成段表达的能力"。李杨(1993,101)强调中高级阶段应该培养成段、大段表达能力,以达到带动中高级汉语主干课教学的目的。这是汉语学习自然规律的体现,也是学习阶段性的必然要求。在汉语学习的初级阶段,尤其是入门阶段,学习者主要是掌握"生存汉语",语言形式基本上是一问一答的简单会话方式,但这些是难以满足开展语言活动需求的,所以在学习者水平稍有提高后,培养学习者相对复杂、完整的表达能力既是教学目标也是提高学习者汉语水平的必然途径,所以篇章教学的重要性就凸显出来。曹秀玲(2000)曾指出:"要让留学生尽快习得'汉语化'的篇章模式,必须加强篇章教学。"

2.2 "成段表达"与话语标记

"成段表达"很容易让人望文生义认为单纯指表达,即"输出",尤其是口语,这么理解有失偏颇。口语输出当然是"成段表达"的核心,但没有"成段输入"就不可能产生"成段输出",亦即"成段表达",而且不仅仅是口语形式,"交际方式"包括了"口头"和"书面"两种方式,所以"成段表达"涵盖了口语和书面语两种方式。

目前对外汉语教学实际情况表现为,初级阶段学生进步很快,很快就具备了日常会话能力,反而到了中高级阶段,学习者进步速度放慢,学习进入"平台期",汉语水平不太容易有明显提高。这与教学有密切关联,就是篇章教学不够强,学习者的成段表达能力提高较慢。很多研究表明教材的成段表达训练不够(刘弘2019;杨德峰2018)。教材是教学的主要依据,教材成段表达的训练内容不足自然导致了学习者成段表达能力提高慢,可以说我们是目标明确而落实不足。

既然培养学习者成段表达能力是中高级阶段的主要教学目标与任务,那么中高级阶段就要加强篇章教学,强化学习者成段表达训练。当然,篇章能力训练是一个系统工程,不是一蹴而就的。

吴福祥(2005)认为国内外话语标记研究可以归纳为"基于话语产出""基于话语解释"两种模式,前者主要研究话语标记如何在言语产出过程中对口语表达或语篇组织起衔接、连贯作用,后者侧重于话语标记如何在交际过程中对话语的理解起到提示、引导和制约的作用。他说的"基于话语产出"正好说明了话语标记在篇章能力也就是成段表达能力中的作用。具有篇章功能的话语标记是重要的衔接成分,它与其他手段一起共同把一个一个的单个句子串联起来,成为有关联的句段,乃至成篇。又由于话语标记是独立成分,具有词汇性质,所以在输入上能让学习者抓住上下文意思连接的关键,帮助理解输入的材料(无论口头的还是书面的)的意思,而在输出上更为重要,它能在形式上把零散的句子串起来表达完整的意思,实现交际意图。我们在教学实际中经常遇到这样的情况,学习者每个句子都对,但罗列在一起并不是一段,其原因就是缺少话语标记这类衔接成分,构不成语段。所以在此意义上说,习得与运用话语标记是成段表达能力的关键要素之一。

我们来看两段语料,进行篇章形式的对比。

(1)杨斌:也许有苦衷

有了好消息马上告诉父母,这是人之常情。如果是我,我肯定会把中奖的事告诉他们。不过每个人的情况不同,要所有人都和我一样也是不现实的。

我想,这个青年对中奖一事守口如瓶,一定有原因,可能涉及他与父母兄弟之间的感情,以及对这笔巨款用途的规划。换个角度来说,突如其来的500万元对于一个农村家庭,也许是不能承受的,长远来说未必是好事,应该鼓励他采取谨慎的态度。中了大奖不告诉父母,不能单纯地作为孝与不孝的分水岭,我们应该给予足够的宽容。(《发展汉语·高级口语Ⅱ》第10课《"不孝"儿子中大奖》)

(2)韩东秀:就是讲了这样的一个故事,有一个高三女孩,因为她母亲是严重地对智能手机上瘾,不好好照顾她,然后在家里跟人家在一起的时候,她那个妈妈是什么"来吃饭""关门""音乐关小一点"都是用这样的聊天工具跟她聊,然后最严重的一次就是,她是高三嘛,然后她们学校有一个典礼,所有的家长都在,然后校长在舞台演讲的时候,她妈突然发现有一个电源插孔,然后就直接冲上去,充电,然后所有的家长都愣了。她是在干嘛。(电视节目《世界青年说·谁是手机控,神秘人视频问候》,转引自黄程珠,2018)

这两段话性质基本一样,都是在某个较为正式场合的口语独白形式的成段表达,前者是一个中国人表达对一件事情的看法,出自对外汉语高级阶段口语教材,后者则是一个外国学生在中国电视节目中叙述一件事情。可以看到,前者在发表对事情的看法时,通过运用三个话语标记,把整段话紧密连接在一起,同时使阐述显得变化有致,几方面都顾及,也体现了自己的看法。再反观后者,作为一名高级阶段的汉语学习者,意思虽然表达清楚了,除了有个别表达错误外,最明显地显出篇章能力不足,不断地使用同一个话语标记"然后",而且用得不对。如果能准确、合适地运用话语标记,其效果就好得多。通过对比,可以看出,母语使用者非常自然恰当地使用了话语标记,量并不多,但整段话就显得完整、流畅,相反,汉语学习者不能准确恰当运用话语标记,使整段话显得凌乱糅杂。由此可见话语标记在篇章构成上的关键作用。

三 得体表达能力与话语标记

3.1 得体表达的含义

话语标记对汉语作为第二语言学习者言语交际能力的影响突出表现在得体表达能力上,包含了在具体语境中能理解输入的话语并准确、得体地做出反应,表达自己的意思,既符合汉语的会话规则,又能掌握交际对方的真实意图和做出相应的回应,使交际意图得以达成。这在口语交际中显得尤为重要,也可以说这是交际互动能力的体现。进入中高级阶段后,学习者的汉语水平不仅体现在篇章能力上,还体现在交际的自如与地道上,能无障碍地与汉语母语者交流是其目标,所以交际中的"互动能力"就被凸显出来了。于是,"话语标记"这些在初级阶段不显眼的成分就变得很重要了,除了把单个句子连接成话段外,它们还有个重要特点就是表达说话人的主观性,体现说话人的情感、态度和立场,它是说话人真实意图的体现,是交际目的达成的关键。又因为它是情感因素的载体,而情感表达是带有民族性和规约性的,这些标记常常不能从字面意思推断出来,也不太容易从学习者的母语中找到对应的成分。如此一来,无论是在输入层面还是在输出层面都会对言语交际能力产生一定程度的影响。

3.2 话语标记对输入的影响

3.2.1 话语标记与解码

在输入层面上,因为话语标记对理解话语有提示、引导与制约作用,所以在交际互动时会影响解码效率与正确率,不能及时与准确回应。以下例子来源于李瑶(2016):

(3)甲:哇,新车呀,太酷了,多少钱呀?

乙:五十多万。

甲:啊?! 这么贵! ……你还别说,贵是贵了点儿,但一看就气派。

(4)(寒假结束返校,留学生遇到中国学生)

留　学　生：嘿，你的香港之行怎么样？

中国学生：唉，别提了，钱包和手机都被偷了。

前一例出现了话语标记"你还别说"，从交际上说留学生只是"旁听者"——在听两个中国人对话，后一例中国学生用到了话语标记"别提了"，留学生直接参与了交际，是交际一方。两个例子的性质都属于"输入"层面，实际上会话内容都比较简单，不过是日常生活的交流，对中国人来说，在类似交际中使用话语标记非常普遍，这些话语标记也是随口而出的，但对留学生来说，理解这些话语就"卡"在了这些看似简单的话语标记上。李瑶（2016）的解释是，关于前一例，留学生也许基本明白说话人想表达的是"车很贵，但值得"的意思，但他们不懂说话人为什么要加"你还别说"这几个字，也许心里会嘀咕"为什么不让人家说话呢"，也不明白"你还别说"包含了"说话人以前认为买这么贵的车不值得"的想法；关于后一例，留学生听到"别提了"，仅从字面理解的话，他会认为对方不想让他谈起这件事，误以为自己说错话，惹对方不高兴了。她的分析较为简单，基本只是从话语标记推测原因，但还是符合实情。这两段对话的汉语都不难，对初级水平来说没什么难度，但恰恰是出现的两个话语标记增加了理解的难度，中高级阶段的留学生也不一定就能理解得明白无误。按照话语标记的性质，它们不具有概念意义，删除也不影响话语意义的构建，上两个例子如果删除各自的话语标记，留学生对整个话语理解起来反而更加顺畅，不会产生上述疑惑，但不用话语标记却体现不出说话人的真实感情和意图。可以深入分析一下这两个话语标记的语用效果。前一例的"你还别说"是超预期标记。甲看到乙的新车，觉得不错，发出"太酷了"的赞叹，紧接着问了价钱。乙回答五十多万，这个价格大大出乎甲的意料，"这么贵"流露出意外与吃惊的意思，但同时会让人感觉似乎不值。说话人意识到这样不妥，马上用"你还别说"来一转折，"贵是贵了点儿"，但"很气派"，超出一般的预期，变成了对乙新车更强的赞美。这是甲在交际中根据情境很快做出的调整，维护了对方面子，使这次交际得以继续。"你还别说"具有交互主观性，采取移情的手段，站在听话人视角来表达对此事的态度，所以留学生单从字面意思去推测，会以为这是不让人说话，当然就理解不了简单会话蕴涵的语用含义，这就是话语标记所起的制约作用，本来可以提示与引导解码，但没吃透话语标记反而产生误解。后一例的"别提了"作为一个动词短语确实有阻止听话人不要说哪方面事情的意思，但"别提了"经过语法化成为一个话语标记，不再表示阻止别人说话，而主要是表达说话人"不如意"的心情，而且也在提示听话人后面的话语就是自己遇到的不如意的事。侯瑞芬（2009）对此有专门论述，如：

（5）掌柜：老邢，你不是去京城办事去了吗？怎么会沦落到这种地步？

老邢：别提了，上回衙门不是给锦衣卫踩踏了吗？楼知县派我到兵部去要银

子……(电视剧《武林外传》)

上例"别提了"就是这个标记的典型用法,不再表示阻止对方,而是继续对方的话题,它在表达说话人不如意心情的同时引导和提示听者解码的方向,但偏偏留学生"不解其意",而且"会错意",以为自己说话有什么不妥而招致说话人"不让自己说",使交际无法继续。

3.2.2 话语标记影响理解的规律

哪些话语标记在输入层面容易影响学习者正确解读话语?这中间有什么规律?我们认为有这样几个因素:

第一,字面意思与语用意义的相关程度。虽然话语标记不具有概念意义只具程序意义,但程序语义与话语标记在标记化之前的概念意义多少还是有一定的关联,只是成为标记后原来的概念意义已经虚化。如标记"你/我+说",其动词"说"已经不再具有动作"言说"义,而是经历从"言说义"到"认识情态义"再到话语标记的过程(姚占龙,2008)。但作为汉语第二语言学习者并没有这样的概念或意识,根据汉语的特点从字面意思去推测语言形式的意义是一般的习惯和规律,所以如果话语标记的语用意义与原来的概念意义关联性程度高,那么在输入层面对这些标记的理解就容易,或者说解码的正确率就高。如"老实说""说实话""一般来说""有人说"等,虽然各自的语用意义不同,有表示说话人态度的,有表示信息来源的,但是与字面意思都有很高的关联性,所以学习者听到这些理解起来并不会太难,甚至这些标记还有帮助理解语段的作用。但如果是"你还别说"和"别提了"等就不同了,字面意思是说话人阻止听话人发表意见,但标记的实际语用意义并不是阻止对方说话,而是表达"没想到"和"我真倒霉",前者后面所接续的话语一般是赞扬性的,后者则是说话人自己认为的"倒霉事"。由于这两个标记的语用意义与字面意义相去甚远,所以在理解时就可能产生较大偏差,乃至"曲解",类似的还有"你说你""好你个……"等表示说话人对听话人不满和责备的标记,出现这些标记在输入上往往给学习者带来困扰,影响他们对话语的理解。所以,就话语标记语用意义与字面意思的相关度来说,相关越紧密的就越容易理解,距离越大的就越难理解与把握,难易程度规律可以表述为:字面意思与语用意义不同>字面意思与语用意义接近。而且这个规律不受字面意思复杂程度的影响,上面所列举的两种情况的标记从字面看都很简单,理解起来都很容易,但语用意义就不那么简单,难的并不是语言形式本身,而是其背后的交际规约。

第二,语用意义表达的明确程度。话语标记在话语中主要是通过表达语用意义来发挥语用功能,在表达语用意义时,有的标记很直接、明确,如"可贵的是、太可惜了、毫无疑问"等标记,表达的意思很直接、明了。对学习者来说,在接受信息时,看到或听到这些话语标记容易理解,并能对理解全部话语起到帮助的作用,如:

(6)毫无疑问，21世纪会需要大批兼备东西方经营管理知识的MBA人才。(CCL)

　　留学生在听到"毫无疑问"这个标记时马上知道说话人的意思，不会产生误解。而对那些间接或婉转表达语用意义的标记则解码可能会费周折，不能准确把握，甚至"曲解"。如"下次再说、以后再聊、话又说回来、你像、不瞒你(您)说"等标记，都不是直接表达说话人的交际意图，而是"别有用意"，必须透过现象抓住其实际意图。"下次再说、以后再聊"是总结性标记，婉转表示说话人想结束谈话；"话又说回来"表示说话人后面要说的内容与前一方面是对立的，他的态度出现了转变；"你像"并不是说听话人像，而是举例子；"不瞒你(您)说"，李治平(2015,147－148)认为这个标记有多重功能，但主要是有两个：一是实现"告白"情态，目的是"以言成事，取得听话人信任之效"，二是表达"泄露"的情态，就是"间接泄露要说的一件不便、不能或不轻易说出的事件或真相"，而且它还有拉近与听话人距离的意图，所以"不瞒你说"在输入层面上是不好处理的。上述间接表达标记都比直接表达标记相对难理解。与之相关的是，话语标记中有一部分是表达说话人对事物评价的，评价分为正面评价与负面评价，尤其评价涉及听话人时，往往正面评价较为直白，而负面评价比较婉转，因为负面评价想让听话人接受，需要婉转、圆通，以达到维护对方面子的效果。如前面提到直接表达的"可贵的是"就是正面评价，比较清晰，而表负面评价的"不是我说你""说句难听的"则婉转得多。"不是我说你"其实是"我要说你"，但它有缓和语气的重要功效，"说句难听的"也是指责听者。所以直接表达与间接表达、正面评价与负面评价两种相对应的话语标记的难易程度可以表述为：间接表达＞直接表达，负面评价＞正面评价。

　　第三，主观性强弱程度。我们已经论证了汉语话语标记对于第二语言学习者来说，其学习难度与标记的主观性密切相关，主观性越强学习越难，在此不再展开(有专文论述)，仅就输入层面理解难易程度影响因素进行简单阐述。我们也已经论述了主观性强度上，一般的言者主观性是低于交互主观性的，那么为什么在输入理解上后者就比前者难呢？这与两者的语言表现形式有密切关系，简而言之，话语标记的视角是决定主观性的标志，体现在形式上为，如果主语(包含省略和隐含)是言者主语就是一般主观性(或言者主观性)，如果主语是听者，则是交互主观性。一般主观性或言者主观性的主语一般会是第一人称代词，交互主观性的主语采用第二人称代词，所以"我＋……"形式的话语标记表现的是一般主观性(言者主观性)，"你＋……"表现的则是交互主观性，不是这两种方式的则是客观视角(他者视角)。交互主观性采用听者视角，关注的焦点为听者，是通过移情手段实现的，而正是移情手段的使用增加了学习难度，因为这与学习者的母语不一样，带有规约性和民族性，影响了认识方式和语言表达方式。这种情况是汉语特有的，在学习者的母语中可能没有对应的现象。表达一般主观性(言者主观性)的标记，如"我说/想/看"，学习者能较容易地知道它们是言者说自己，而像"你还别说""你像"，学习者就费解了。当然中间还有个"部分交互主观性"环节,就是标记整体还是一般主观性(言者主观性),但关注点开始向听者转移(移情),形式上表现为话语标记宾语位置上出现第二人称代词,如"不是我说你""看你""不瞒你说"等。这样主观性强弱程度对话语标记理解难度的影响可以表述为:交互主观性(移情)>部分交互主观性(部分移情)>一般主观性或言者主观性。

上述内容是话语标记在输入层面影响学习者正确理解话语的因素和一般规律。需要说明的是,三个因素并不是割裂开的,可能在很多标记中,三种因素叠加在一起,使它们成为理解与把握的难点。

3.3 话语标记对输出的影响

3.3.1 话语标记与口语表达流利的关联

在输出层面,话语标记关系到学习者口语表达的流利与地道,这是语言交际能力的关键因素。前面论述了在输入层面话语标记对理解话语的作用及其影响因素,理解是做出反应的前提,也是语言交际的基础,但衡量语言交际能力高低的标志还是输出,尤其是口语表达,人们通常用"说一口流利(或地道)的外语"来形容某人的外语水平很高就是这个意思,由此知道口语好的两个标志就是流利和地道。衡量"流利"和"地道"的标准当然是多方面的,包括语音、词汇、语法、语用等各方面,通俗地说就是要像操母语者一样或接近操母语者水平。学习者汉语口语是否"流利"与"地道",与能否正确使用汉语话语标记密切相关。闫露(2018)进行了一项很有意义的研究,就是探讨汉语话语标记与留学生口语流利的关系,她把汉语话语标记分为话题组织、情态表达、填充三类,采用电脑软件对留学生的录音文本进行自动分析,从语速、发音速度、发音时间比、平均语流长、平均停顿长五个指标计算留学生的口语流利性,最后计算出留学生使用不同类型的话语标记的情况和流利性五个指标之间的相关程度,证实话语标记的掌握情况与流利性之间存在相关性。其结论是:留学生使用话题组织类、情态类话语标记与语速、发音速度、发音时间比、平均语流长都呈显著正相关,与平均停顿长呈负相关,她所说的正相关是指使用话语标记越理想就越流利,负相关指的是使用话语标记越理想平均停顿长越短;留学生使用填充类话语标记与语速、发音速度、发音时间比、平均语流长均为负相关,与平均停顿长呈正相关,这类标记的相关程度没有达到显著程度。她所说的填充类标记指的是填充话语间空白或者用来表示思索的话语标记,如"嗯""啊""呃""这个""那个"之类的标记,它们本身就是"无词之词",所以与流利性的关联性不大也是情理之中的。所以按照闫露的研究,在口语表达上,话语标记掌握得好坏与流利性是直接相关的,其结论具有可信性,虽然她对汉语话语标记的分类与我们不同,但其对流利性影响的结论还是可以作为依据的。

3.3.2 话语标记与口语表达地道的关联

输出水平的另一个衡量标准是"地道"。"地道"的含义是使用话语标记准确、得体,符合汉语语用规则、交际习惯,还包括了体现出汉语思维特点和能采取积极主动的交际策略等形而上的因素。话语标记是话语间的程序成分,而恰恰是这些不具概念意义的程序成分在表达的"地道"上起着重要的作用。我们来看一个例子,同样是形容一件衣服时汉语为母语者和汉语作为第二语言者的表达:

(7)高级水平汉语学习者:我喜欢这件衣服,很流行,很漂亮,这个很好。

(8)中国学生:我觉得这件衣服一开始挂在那里的时候还挺一般的,没想到,穿上效果这么好。我看我买了吧。(转引自黄程珠,2018)

我们看到,高级水平汉语学习者对衣服的描述很清楚,语法也没问题,从交流的角度看信息传递很准确,不会产生歧义。但是,其表达就是几个句子堆砌在一起,不够自然、流畅,显得较为生硬,不符合汉语的表达习惯。虽然学习者已经是高级水平,可说出来的还不是地道的汉语,究其原因,对照中国学生的形容就知道问题出在了话语标记的使用上,中国学生不过是用了两个话语标记,整段话不光是衔接得很自然,而且体现出说话人前后情感变化,事情叙述变得错落起伏,交际效果当然大大高出汉语学习者。两相对照,话语标记对地道表达的意义就不言而喻了。

3.3.3 话语标记在口语表达中的状况

因为话语标记的使用关系到语言表达的流利与地道,也是衡量学习者语言水平的标志,那么学习者汉语话语标记在输出层面尤其是口语表达方面的使用情况怎么样呢?总体来说情况不太理想,学习者也并不是完全不使用话语标记,但运用情况不均衡,有好有坏。具体可以概括为以下三个方面:

第一,衔接(篇章)标记用得多,主观性标记用得少;

第二,言者主观性标记用得多,交互主观性标记用得少;

第三,形式简单意义直接的标记用得多,形式复杂意义间接的标记用得少。

这三个方面实际上经常交叠在一起,并不一定是分立的。黄程珠(2018)以江苏电视台《世界青年说》(谈话)节目为研究对象,将参与节目的外国汉语学习者汉语水平定位为"高级",对该节目20期语料进行了统计。这些高级汉语学习者一共使用了33个话语标记,我们将其表转摘如下:

表 1　20 期《世界青年说》高级水平汉语学习者话语标记统计表（黄程珠,2018）

然后 571 次	好 27 次	我说 5 次
但是 525 次	是吧 25 次	我是说 3 次
就是 466 次	你知道吗 21 次	完了 3 次
其实 233 次	我跟你说 19 次	我看 3 次
对 226 次	你看 18 次	还有 3 次
所以 214 次	这个 17 次	我的意思是 3 次
对吧 59 次	嗯 16 次	在我看来 3 次
哦 55 次	那么 25 次	你知道 2 次
那个 41 次	你说 10 次	Bong 2 次
哎（诶）37 次	是不是 9 次	砰 2 次
就是说 31 次	喂 5 次	对了 1 次

　　这档节目是谈话类的节目，表达上虽然是口语为主，但应该体现正式、庄重的风格，参与者来自多个国家，汉语水平已经达到高级，是已经熟练掌握汉语的学习者，他们使用话语标记的情况应该代表了汉语学习者的最高水平。从他们使用话语标记的情况可以看到，20 期一共只用了 33 个话语标记，总体数量不多，除却因为是上电视媒体这种正式场合不敢随便以及话题内容的因素外，可以知道汉语学习者话语标记使用情况总体是用得少。对照上面话语标记在输出中的意义来看，这对他们的表达流利性和地道性产生负面影响。上面全部 33 个标记，单纯从使用频次来说应该很高，但却是集中在几个上，前 6 个话语标记使用就多达 2235 次，而且都是起衔接作用的篇章功能标记。闫露(2018)的研究也发现学习者高频次反复使用的标记也是集中在"然后"等几个标记，与这个表格形成了印证。与之反差很大的是，主要表达人际功能、互动功能的主观性强的标记使用就很少，以主语是"我"和"你"为主观性标准对照这 33 个标记，只有 9 个（不含"我的意思是"，这个标记表解释，是篇章功能标记），只占 27.7%。前面多次阐述过，从汉语学习角度说，话语标记主观性越强习得难度就越大，所以体现在使用上就越少，这组数据再次证明了这一事实。白娟、贾放(2013)，闫露(2018)，李瑶(2016)都从各自角度对外国留学生使用话语标记展开了研究，她们对话语标记划分的类别并不尽相同，但都有"篇章组织类"和"情态类"标记，而且都发现"情态类"标记是各类标记中留学生掌握得最不好的和回避使用的，与之相反，掌握得最好的都是起衔接作用的篇章组织类，我们的调查也基本与此吻合，只是我们对话语标记的主观性进行了更为细致的区分。从上表还可以看出，

全部 33 个标记虽然形式包含了词、短语、小句多个形式,但无论哪种形式都很简单,最少只 1 个汉字,最多也只是 5 个字,而且意思都很简单,基本上语用意义和字面意思没有太大距离,而且这些标记在其母语中有对应的标记,使用起来就顺手得多,如上面用得最多的"然后",英语有"then",二者意义与用法基本相当。这点与输入层面保持了一致,即简单、明了的标记容易理解,也容易输出。由此还有一点特别值得关注,就是使用话语标记的语体选择上,上面 33 个标记没有一个是纯书面语体标记,最多只是口语、书面语都可以说的,如"然后""在我看来"等。语料来源为电视谈话节目,并不是日常生活场景,虽然每个人的风格可能不一样,但话语应该较为正式,不像日常会话那样随意,但这些参与者尽管是高级水平,却没用到一个书面语体的标记,诸如"恕我直言""可见""简言之"等,这同样说明没有掌握好得体表达的手段,汉语语言交际能力还不够健全。由此可见,话语标记虽是不具概念意义的"小成分",但却是汉语学习者汉语流利和地道的"大问题"。

汉语学习者话语标记使用问题的原因很简单,那就是在话语标记的选用上采取回避策略,可以概括为"避生就熟""避繁就简""避难就易"。话语标记不具概念意义,用不用并不影响意义的表达,尤其是交际一方是中国人时,中国人往往能判断出其全部意思,而且不会计较对方流利与得体性的不足,这客观上造成学习者对话语标记的不重视。所以交际时他们会自觉不自觉采取回避策略,这种回避不是单纯不用话语标记,而是用一些不用一些,用"熟""简""易"的,不用"生""繁""难"的,主观性越强,就越可能回避使用。

四 结语

话语标记对汉语学习者汉语交际能力构成的作用与影响在于:

话语标记在输入与输出上均对学习者的语言交际能力产生影响,体现在篇章能力和得体表达能力两个方面,但这两个方面并不是均衡的,在难易程度上呈现出得体表达能力＞篇章能力,表达输出＞输入理解,即得体表达能力难于篇章能力,流利地道表达难于理解反应能力。

体现在微观层面上,无论在输入还是在输出上,具有篇章功能的话语标记,是容易学习、容易理解的,学习者运用起来也较为顺手,使用频率较高,而主观性强的话语标记则相对较难,越强就越难,学习者掌握不好,所以理解起来就困难一些,严重时会因为"曲解"和"误解"造成交际不顺。学习者在使用时则有意无意采取回避策略,只用熟悉、容易和口语性的,回避那些主观性强的,尤其是具有交互主观性的,也不太会区分话语标记的语体特征,正式的书面语话语标记相对也用得少,这些对学习者表达的地道性起到较强的负作用。

强调话语标记在交际能力中的作用并不是要把话语标记放在一个不恰当的高度，相对语音、语法、词汇、功能等语言学习要素，话语标记的作用不是那么突出，尤其在初级阶段，较之其他语言要素的刚性地位，话语标记则显出更多的柔性。从交际能力培养看，前者似乎是"雪中送炭"，而话语标记好像是"锦上添花"的。反观教学实际，在初级阶段，教学效果很明显，学习者进步很快，很有成就感，到了中高级阶段，学习者进入"平台期"，教学效果不明显，学习者感觉不到自己的进步，也不知道如何进步。学习者一般交际没什么问题，但汉语总显出有别于中国人，存在"最后一公里"现象。如何解决这个问题？熟练掌握与运用话语标记就显得很重要了，虽然这不是问题的全部，但也是"临门一脚"的核心因素之一。我们有必要对汉语话语标记在汉语交际能力中的作用有清醒的认识，从而在教学中按照它们的不同功能、作用进行相应的处理，使话语标记在交际中得以恰当运用。

参考文献

白　娟、贾　放(2006)汉语元语用标记语功能分析与留学生口头交际训练,《语言文字应用》第 12 期, 122－125 页。

曹秀玲(2000)韩国留学生汉语语篇指称现象考察,《世界汉语教学》第 4 期,11－14 页。

曹秀玲(2016)《汉语话语标记多视角研究》,中国社会科学出版社。

董秀芳(2007)词汇化与话语标记的形成,《世界汉语教学》第 1 期,50－61 页。

范开泰(1992)论汉语交际能力的培养,《世界汉语教学》第 1 期,13－16 页。

侯瑞芬(2009)"别说"与"别提",《中国语文》第 2 期,131－140 页。

黄程珠(2018)《高级水平汉语学习者话语标记实证研究》,中央民族大学硕士学位论文。

阚明刚、侯　敏(2013)话语标记语语体对比及对汉语教学的启示,《语言教学与研究》第 6 期,32－39 页。

李　杨(1993)《中高级对外汉语教学论》,北京大学出版社。

李　瑶(2016)《高级阶段留学生话语标记使用调查与口语教材研究》,暨南大学硕士学位论文。

李治平(2015)《现代汉语言说词语话语标记研究》,世界图书出版公司。

廖秋忠(1992)《廖秋忠文集》,北京语言学院出版社。

刘　弘(2019)关于中级口语教材练习设计的一些思考,《国际汉语教育》第 3 期,36－40 页。

刘丽艳(2011)《汉语话语标记研究》,北京语言大学出版社。

刘　珣(2000)《对外汉语教育学引论》,北京语言大学出版社。

吕必松(2007)《汉语和汉语作为第二语言教学》,北京大学出版社。

吴福祥(2005)汉语语法化研究的当前课题,《语言科学》第 2 期,20－32 页。

闫　露(2018)《汉语话语标记与留学生口语流利性的相关性研究》,南京师范大学硕士学位论文。

杨德峰(2018)对外汉语语法教材中篇章教学内容存在的问题及对策,《海外华文教育》第 3 期,13—25 页。
姚占龙(2008)"说、想、看"的主观化及其诱因,《语言教学与研究》第 5 期,47—53 页。
Blakemore(1987)*Semantic Constraints on Relevance*,Oxford:Blackwell.
Traugott(2003)From Subjectication to Intersubjectification,In R. Hickey(ed.) *Motives for Language Change*. Cambridge:Cambridge University Press.

作者简介

潘先军,北京第二外国语学院汉语学院教授。Email:panxianjun@bisu.edu.cn。

文本凭借与教学支持(下)

——课程意义上的《老乞大》《朴通事》的经典化*

李云龙

中国教育出版传媒集团有限公司出版传媒部

提　要　以往认为经典第二语言教材《老乞大》《朴通事》实现了"从母语教材到专门的第二语言教材的根本转变"的看法不准确,二书之前第二语言教材并不鲜见,且汉语与其他语言对译辞书不能证明存在以词汇教学为中心的汉语学习阶段。二书及相应教学资源开发多所传承、创新,它们在教学内容、学习支持、编写体例等教科书编排上所做的大量工作,对显示当时汉语口语特点、强化交际功能、突出文化理解、完善教学过程、构建学习支撑等,发挥了巨大的基础性作用。

关键词　《老乞大》《朴通事》　第二语言　教科书编写　课程

2.2　学习支持

教科书的主体内容为学生应该掌握的知识,但就学习的过程和方法而言,掌握知识、形成能力需要一定的学习支持。不过受教科书编写理念以及课本容量的限制,相应的学习支持未必都能进入教材。与明代的一些后续版本相比,元末的《原本老乞大》中就没有谚解。时音属口语的固有成分,因此谚解中的"俗音"可以视作教科书内容,但是谚解中的朝鲜语释义则属明显的辅助学习材料了。而未能进入课本的辅助学习材料,则不得不另作别编。辅助学习材料的多少、有无及与教科书关系的远近,对于整个第二语言课程系统的构建和实施具有巨大的影响。

2.2.1　谚文释义

以往研究者认为,《老乞大谚解》《朴通事谚解》二书每句之末的谚文翻译,"以其母语

---

* 在本文写作过程中,刘颂浩、王世友、汲传波、林秀富、党静鹏、陈力、张进凯等老师、同学在资料查找上提供了很多帮助,谨致谢忱。

为媒介""帮助学习者理解和掌握汉语的词汇和句子"(程相文2001)。"帮助理解"是显而易见的,而"帮助掌握"是如何发生的呢?是因理解了意思所以帮助了掌握,还是其他的因素提升了效率,论者没有说明。语言比较是外语学习过程中的自然行为,这在《蒙古秘史》中已相当系统,其汉字音写的蒙语均分词,并用汉语时语对译,句后附有整句汉译,这表明译者对汉语时语已能精准把握和分析。

崔世珍对二书的注释《老乞大集览》《朴通事集览》中也时时运用语言比较,譬如"这汤:汤即粉羹也。凡人买烧饼馒头而食者,必有汤并欲之,用以解渴,亦曰欽汁,如本国所云床花羹",谈及"本国所云床花羹","凡干词讼累祸之事,皆谓之官司",接着引述了一个"乡语"词(汪维辉2005:320、226)。崔世珍将对二书句子的翻译置于汉文之后,这固然利于文句理解,不过同一语义的汉、朝表达并列,本身已经带有了足够的语言比较的性质。课本教授者与学习者面对书中的翻译,不可能不去主动进行汉朝语言比较。汉朝语言属于不同语系,同义之外的发现显然是二者在语言各个层面的差别,小到语言成分的切分,大到语法意义和功能的界定,都可在两种语言的比对当中自然实现。这种基于比较而对汉语的深刻认识,集中体现在崔世珍对二书注释的《老乞大集览》《朴通事集览》《单字解》《累字解》当中。

明前汉语研究对于时语词汇关注无多,像宋人赵叔向《肯綮录》、陈元靓《事林广记》那样在笔记或类书中用专门的篇幅描述俚语俗词的寥寥无几,且多有猎奇尚异的性质。《蒙古秘史》以时语词语逐个对译蒙古词语,虽然汇集了大量元明俗语词,但因隐含在旁注之中,还不能说具有独立的认知、学习意义。朝鲜李朝时期的学者已经认识到词汇学习的重要性,徐居正(1420—1488)在为汉外双解词典《译语指南》所作序中说,"其所习则曰《直解小学》,曰前后《汉书》,曰《老乞大》,曰《朴通事》,曰《童子习》等书,然皆译其言语文字而已,如天文、地理、草木、禽兽名物之类未尝有译,学者病之",提及只是学习句子翻译而不识"名物"、不知词汇之病,所以组织一些人"博采广议,分门类聚,裒为六十一条,编成以进,赐名曰《译语指南》"。崔世珍显然也注意到了独立的词汇学习对于汉语学习的重要性,一方面有针对性地从《老乞大》《朴通事》中择取词语,不仅有文化意义丰富或属特定领域的专门用语,同时也涉及普通常用语文词语,词语学习范围明显扩大。另一方面词语单列、加以注释,强化词语积累、学习的独立地位,并大幅增加释词数量。其中《单字解》为单音节词,合计151条;《累字解》为多音节词或短语,总共96条,二字词82条,占绝大多数;《老乞大集览》109条,《朴通事集览》460条,主要解释专科类词语。譬如"稍:寄也""借:假也;贷也""消:一(消)化,一(消)息;又须也""滚:煮水使沸曰滚",所释皆为普通语词,另如"三,或族次,或朋友行辈之次,或有官者以职次相呼,或称为定名者有之,'李四''王五'亦同","汉人呼尊长必加'老'字于姓字之上,尊之之辞","饭,汉人凡称饼、面、酒食之类皆曰饭","华人乡语呼角曰机角"。崔世珍的注释着眼常用通行词语，因此对《老乞大》《朴通事》中过于流俗或生僻的词，反倒没有专门注解，譬如"一个高卓儿上脱下衣裳，赤条条的仰白着卧"，其中"仰白"指身体仰卧、四肢分开，后世的《醒世姻缘传》九五回"寄姐不曾堤防，被素姐照着胸前一头拾来，碰个仰拍叉"，《儿女英雄传》十八回"照着先生的腿洼子，就是一脚，把先生踢了个大仰爬，便就倒在当地"，写作"仰拍""仰爬"；又如"这孩儿几个月也？九个月了，不到一生日里。捽（撋）了他齈带，揩的干净着"，"齈带"指鼻涕，《醒世姻缘传》九八回"你妈怎么生你来，这们等的！名字没的起了，偏偏起个'浓袋'。这倒也不是'浓袋'，倒是'鼻涕'罢了！""齈带"写作"浓袋"。

宋元时期很难说有系统严格的汉语语法研究，但是因为词组在汉语语法单位中处于中心位置，同时汉语分析性强，形态成分少，一般借助词序、虚词、语调等手段表示语法关系和语法意义，所以通过词语研究仍可窥见语法特点。崔世珍《单字解》《累字解》对于词语的注释，已经涉及了不同层次的语法内容。

首先是对于表示附加意义或起帮助造句作用的虚词的关注，崔世珍沿用了汉语中称说虚词的"辞""语助""语助辞""助语之辞"等说法，不过他所关注的"语助"却非文言中的"之乎者也"。崔世珍的注解中广泛涉及"来、休、还、等、只、恰、和、但、才"等词，譬如"休：禁止之辞，休去"，"恰：适当之辞——恰便似；又方才之辞——恰才"，"的：指物之辞——你的，好的；又语助——坐的，通作地……吏语的确、的当，虚的、的实"，"地：土地……又语助——坐地，又恁地，犹言如此"，从中可见其观察细致，释义妥帖，切于实用。目前所见最早论述汉语虚词的专著是元泰定间卢以纬的《助语辞》，然而它所针对的只是文言虚词；国内以专书形式大量解释中古虚词的为清初刘淇的《助字辨略》(张永言 1985：171)，崔世珍的研究成果比其早了约 100 年。

其次是从虚词的语法特点切入，关注它在句子层面的功能与作用。崔世珍所处时代尚未有实词、虚词之下更细次类的区分，不过他却能将"语助"单独强调而将其他词语另作一类，这显示出明确的词类划分意识。譬如"着：使之为也——着落，着他；又置也——着盐；又中也——着了；又见人所行之事正合人所指望之方则亦曰着了；又实也——着实；又语助；又穿衣服也"，"了：语助——去了；又决绝之意——了不得；又了当"，"着""了"的虚实不同判然。崔世珍的注解常在"语助"的基本属性确定之后，进一步解说词语的语法功能。词法层面如"儿：婴孩也——孩儿；又呼物名必用'儿'字为助语之辞——杏儿、李儿。凡呼物名则呼'儿'字，只宜微用其音，而不至太白可也"，他不仅提及"儿"的构词功能，而且提示"只宜微用其音"这一读音特点，否则"太白"就显得过于僵硬呆板了。句法层面譬如"怕：疑惧之意——怕人知道；又设若之辞——怕你不信；又恐也——害怕"，不只"疑惧之意"的"怕"后接小句，"设若之辞"的"怕"更涉及了语义差别；"也：在词之上者,又也——也好,也是;在词之中者,承上起下之辞——我也去;在词之终者,语助",崔世珍非常敏锐地注意到同一个词因分布的不同而体现出的功能的差异,尽管在他眼中连词"也"不是"语助",但其"在词之中者,承上起下之辞"很明显是关注到了虚词的语篇功能。多数情况下崔世珍没有直陈虚词的句法功能,而是通过提供例句的方式暗示的,譬如"敢:忍为也——你敢那;又疑似也——敢知道","阿……又语助辞——有阿没,皆元朝之语","待:拟要也;又欲也——待卖几个马去",透过这些句子中的分布,读者自可以领会相关词语的组合功能和意义。

再次是语法规则的归纳说解。语法规则的学习在不同教材中所占分量是不一样的,有的教材以语法结构为中心,围绕语法点、练习语法点而自编课文(程相文 2001)。崔世珍的时代当然不会有现代的语法观念,他采用的是从既有文本中总结规律,并适当巩固拓展的渗透式学习方法。其《单字解》《累字解》和《老乞大集览》《朴通事集览》不同,后者解释的百科词语对于上下文的依赖极强,出现于这一篇文字的词很难会在下一篇中再现,因此随文注解是更合适的处理办法,而一般的普通语词不同,它往往能在不同文字中反复出现,所以《单字解》《累字解》直接按照音节数目的多少集中学习,通过归类以强化语言规则的掌握。以《单字解》的第一个字"喫"为例,"啖也——喫饭、喫酒;又被也——喫打。字虽入声,而俗读去声,或呼如上声。俗省文作'吃'",这两个义项当然没有在《老乞大》《朴通事》的某个课文片段中同时出现,"啖"义的"喫"在二书中都有使用,《原本老乞大》"我着孩儿每做将粥来与您喫",《朴通事谚解》"我如今不喫饭,等一会儿喫","被"义的"喫"只在后者中存在,如"路上必定喫别人笑话"。宋元时汉语口语中双音节词数量已经很大,但传统辞书对于这些双音词的收录并不很多,崔世珍《单字解》《累字解》在释义的同时,一般都会提供同义的双音词语,比如"个:一枚也,俗呼一枚为一个,亦曰个把;又个个,单言个字亦为一枚之意——有个人;又语助——这个,些个",所举的"个个""一个"在《老乞大》《朴通事》中常见,而"个把"则不见用例。另如"才:方得仅始之辞——才自;又刚才;又方才;又恰才","才自""刚才""方才"都不见于二书,由此可见崔世珍在有意引导词语的拓展积累,而包含同一语素的不同词语,又可强化语义的理解和语法规则的认知。从以自然语言为依托、兼顾篇章学习和实施语言比较、交际训练、文化积累、语法认知等的综合效能来看,崔世珍对《老乞大》《朴通事》的谚解居功至伟。

最后是自主学习的支撑。崔世珍在其所著《训蒙字会》的《凡例》中指出,"故今乃并著谚文字母,使之先学谚文,次学字会,庶可有晓诲之益矣。其不通文字者亦皆学谚而知字,则虽无师授,亦将得为通文之人矣",这个设想同样适用于《老乞大谚解》《朴通事谚解》。通晓谚文的人,借助二书提供的谚文注解,无疑可以自主摸索文字音义、词汇、语法,谚文注解的出现从一定程度上改变了汉语的学习方式,增强了外语学习的效果。

2.2.2 辅助资料

朝鲜李朝时期汉语学习并非单纯的语言能力培养,它和吏文等其他课程一样,不过是"汉学"的一部分(黄仙姬 2020)。《太宗实录》卷八四年(1404)八月二十己丑载,"愿自今择善于汉语而明经学者为训道官,教谕后进,博通译语,详明经学"。朝鲜专事译学和人才培养的司译院中要设多名"汉学教授""汉学训导",而世宗一朝所学书籍也包括《书》《诗》《四书》《直解大学》《直解小学》《通鉴》《前后汉》等书,考核时虽"不必义理穷问",但也须"大义解说""许令临讲"(罗乐然 2016)。上述著作或为汉籍原本,或自汉籍演绎而来,无论哪一种都须以汉语识读、理解为前提。因此围绕这些著作编写的辅助资料,当然有益于汉语学习。

李朝与汉学教育配套的辅助资料非常广泛(金基石 2005),它们承自汉语小学传统而来,举凡音韵、文字、训诂无所不包。其早期文献以原书引进为主,从崔世珍《四声通解》凡例提到的《蒙古韵略》《洪武正韵》《中原雅音》《集韵》《古今韵会举要》《韵学集成》《切韵指南》《中州音韵》等书可见一斑。值得注意的是,李朝以来的这些配套资源,发生了从单纯引进到适用学习的修订改编,甚至是独立新著的变化,譬如《东国正韵》《华东正韵通释韵考》《奎章全韵》即属汉字谚文注音韵书。这些修订、新编的辅助学习著作,在诠解对象上不似汉语文献只针对经史古籍,它们往往能够照顾时语特点,这就使得学生进行汉语学习时亦可参用。

以申叔舟《四声通考》和崔世珍对其修订的《四声通解》为例,后者的序言中说,"夫始肄华语者,先读《老乞大》《朴通事》二书,以为学语之阶梯。初学二书者,必观《四声通考》以识汉音之正俗。然其二书训解承讹传伪,《通考》诸字有音无释……臣即将二书谚解音义,书中古语哀成《辑览》,陈乞刊行,人便阅习。今将《通考》一书……厘之为上下二卷,名之曰《四声通解》,庶令新学便于检阅,音释源委开卷了然,一字数音不至误用矣"(李丙畴 1966:39—41)。崔世珍的话透露出几个意思:一是学汉语的人以《老乞大》《朴通事》为课本;二是学这两本书的人参考《四声通考》学读音;三是《四声通考》有音无释使用不方便;四是崔世珍单独为二书作了音释,还编了一部全本《四声通解》,"令新学便于检阅"。比照《四声通解》和《单字解》可以发现,后者收录的"只、来、快、每、们、顿、般、撒、便、索、打、敢、个、阿"等字,在《四声通解》中都有收录,只是前者说解照顾文言且说解更为凝练而已。譬如"只:语辞,又专辞。又平声。《韵会》注俗读若'质'","每:常也,频也,各也,凡也,贪也,数也",《单字解》"只:止此之辞。韵书皆上声,俗读去声,唯韵书注云:'今俗读若质'","每:本音上声,频也——每年、每一个;又平声,等辈也——我每、咱每、俺每、恁每、你每。今俗喜用'们'字"。

关于辅助资料对《老乞大》《朴通事》语言学习具有支持作用的明确认识,使得崔世珍编写了多部与之有关的参考著作,与文字学有关的是《训蒙字会》。文字学习一般被作为蒙学之始,《训蒙字会》之前即有中国《千字文》和朝鲜人自编的《类合》行用。《训蒙字会引》中提到,"世之教童幼学书之家,必先《千字》,次及《类合》,然后始读诸书矣",崔世珍认为《千字

文》"摘取故事排比为文则善矣",但是小孩子的学习"仅得学字而已","安能识察故事属文之义乎?"所以他编写《训蒙字会》,"要使世之为父兄者首治此书,施教于家庭总丱之习,则其在蒙幼者亦可识于鸟兽草木之名,而终不至于字与物二之差矣",崔世珍的目的是使学童学字知义。因为该书上中下三卷依照字所记事物的类别分为"天文、地理、花品、草卉、树木、果实"等33类,所以它本身又可看作义类词典,是书《凡例》言"人或有学汉语者可使兼通,故多收汉俗称呼之名也",即道出《训蒙字会》词汇学习对于汉语学习的作用;《凡例》另说"凡在外州郡刊布此书……聚诲幼稚,勤施惩劝,俟其成童升补乡校国学之列,则人皆乐学,小子有造矣",更将此书作为深学《老乞大》《朴通事》之前的基础读物。《引》说"钞取全实之字编成上中两篇,又取半实半虚者续补下篇",其中"实""半实半虚"透露出明确的语法意识。《凡例》说"凡物名诸字,或一字或两字指的为名者一皆收之",因此该书收录了大量时语中的俗词、双音词,譬如"牛쇼우俗呼蟒牛한쇼花牛어룽쇼"。作为启蒙读物,可以说该书对于时音、词汇、语法都作了很好的准备。

李朝早期训诂层面的著作所传有限,据崔世珍《老乞大集览》《朴通事集览》所引文献可知零星情况。《朴通事集览》"《译语指南》谓牝鹿曰麋鹿。《质问》云:大曰麈,小曰麂","勘合,《吏学指南》云:勘合,即古之符契也。《质问》云:官府设簿册二扇,凡事用印钤记,上写外字几号——发行去者曰外号;上写内字几号——留在官府者曰内号","煠,《音义》音짝,误。以油煎也"。二书引用《音义》72次,《质问》91次,《译语指南》《吏学指南》若干。其中《吏学指南》为元人徐元瑞撰写,它同崔世珍引用的《至正条格》《事林广记》《总龟》《事文类聚》《事物纪原》《南村辍耕录》等无疑都是中国典籍。《〈老朴集览〉凡例》(李丙畴1966:15—18)中提及了《音义》《质问》二书,"《音义》者,即原本所著《音义》也。所释或与《译语指南》不同,今从《音义》之释。《音义》有误者,今亦正之","《质问》者,入中朝质问而来者也。两书皆元朝言语,其沿旧未改者,今难晓解,前后质问,亦有牴牾,姑并收,以祛初学之碍。间有未及质问,大有疑碍者,不敢强解,宜俟更质",崔世珍拿《译语指南》和《音义》对比,可见三书性质相似,从所引实例可知,它们均为附有谚文注音和释义的汉外双解词典。这类辞书既可用于独立词汇学习的凭借,又可备于缓急之间的词语查检,其后英宗五十一年(1775)金弘喆同类著作《译语类解补》即提到,"物类有万,方言不一,以我人而习华语者,苟未能周知而遍解,宜有所龃龉扞格,此《译语类解》之所由作也",无论是崔世珍说的"祛初学之碍",还是金弘喆讲的解除"龃龉扞格",所强调的都是此类雅学书籍的助学作用。

与汉学教育配套的辅助资料中,有些隶属专门事务或者为泛文化读本。《老乞大集览》《朴通事集览》中所引大量中华典籍,比如《事林广记》《事文类聚》《居家必用》《饮馔正要》等类书、专业书籍为崔世珍参考自不必言,他们自己还编写了《吏文》《吏文誊录》等公文教科书,崔世珍亦曾于中宗年间删减《吏文》而成《吏文辑览》。在《老乞大谚解》《朴通事谚解》通行的时代，还有成书于明末清初的《象院题语》，该书以40个专题系统介绍中国的政治、文化、历史、地理等知识。语言是文化的载体，上述辅助读本对于透过语言学习文化和以语言正确恰当地传递文化，无疑具有很大的参考作用。

2.3 编写体例

不同时代、不同版本的《老乞大》《朴通事》，在编写体例上递有发展。其体例于中国传统教科书往往多所借鉴，但同时又按照语言学习的特点作了必要调整，使教科书在外语学习过程中用起来更为方便、更有效率。

2.3.1 课文编排

语言是文化的重要组成部分，也是文化的重要载体，中国传统教育中，虽然也有着眼于语言特点或某一知识分类而编写的课本，比如针对汉字认写的蒙学读物《千字文》，但它同时总要关注文化知识、道德伦理教育，至于蒙学之上、层级更高的经学教材，则只是将语言知识蕴含于经典注疏之中，尽管"南宋以前，注、疏分别单行"（熊承涤1996:181），但它们附属于经学的地位并没有变。《老乞大》《朴通事》当然不同于当时朝鲜通行的《千字文》，二书文本内容虽属和经典不同的白话，但由多个相对完整的章节组成，则同《论语》《孟子》等完全一致。

值得注意的是，《老乞大》虽然含有会话108则，但总体可算是一个有头有尾的连贯故事，它记述了四个高丽商人与一位辽阳人结伴到大都做买卖的过程，其间单个事件有的是一则会话，有的是前后几则会话。《老乞大》的这种编排和上文所述内容素材选择一样，体现出明显的以白话俗文学文本作参考的特征，其完整的故事性简直可视为高丽版《西游记》。受故事自身发展演进左右，语言文字势必要为其间人物、事件服务，所以它在语言学习上的作用就会略打折扣，李边评价其"又有商贾庸谈，学者病之"可谓洞见。从语境支持、文本的趣味性和内容连贯性而言，《老乞大》相对于《论语》《孟子》是很好的课文；但就语言素材的丰富性、功能的多样性来说，这样的课文编排又显得过于拘执和呆板。

《朴通事》比《老乞大》则有了更大的进步，其106则会话分属各自独立的不同主题。按义类主题对学习内容进行分类自古已然，《尔雅》"释诂、释言、释训、释亲、释宫、释器、释乐、释天、释地"等19篇早已如此，颜师古序蒙学字书《急就篇》"包括品类，错综古今"标其特点。《朴通事》的106则独立话题，无疑使其语言场景更为多样、功能更为丰富，所提供的语言知识和语言负载的文化知识也更为充足完备，它已不再局限于《老乞大》那样的"商务汉语"了。

106则话题不单是主题有别，不少话题之后会以常言、古训作结，对话题所涉道理、启示进行归纳、提升，这个结语又成为课文划分的一个重要的形式标记，它为教学任务安排与考核提供了方便。这样的结语当然不是《朴通事》首创，譬如司马迁《史记》中的"论赞"，牛运震《史记评注》卷一说"太史公论赞，或隐括全篇，或偏举一事……皆有深义远神，诚为千古绝笔",它甚至对唐宋元以来白话俗文学的创作模式产生了很大影响,唐传奇亦设论赞"卒章显志"(李娟 2018),其后如宋刘斧《青琐高议》的"议曰""评曰"、明冯梦龙《情史》的"情史氏曰"莫不如此使用,世德堂本《西游记》中在一段情节之后说上几句浅白骈辞韵语的情况比比皆是,描写场面景色,品评人物事件,譬如第一回石猴欲进水帘洞之前"今日芳名显,时来大运通。有缘居此地,天遣入仙宫",从中不难看出《老乞大》《朴通事》所作借鉴。

2.3.2 注释呈现

就中国学术传统、教育实践而言,为经典作注属学术之始,戴震即言"凡学始乎离词,中乎辨言,终乎闻道"。从魏晋南北朝以至隋唐,注解从经书扩大到了一切文献。注解有随正文一起出现者,譬如魏何晏《论语集解》,也有注解单行者,譬如唐陆德明《经典释文》。无论何种注解方式,在文本的竖排版式之中,注解对象和注解一般都上下、前后紧随,注解对象一般大字单行,注解多小字双行,醒目而易识。

目前所见《老乞大》《朴通事》最早的版本中,还只是没有注解的课文,但自谚文发明之后,《老乞大谚解》《朴通事谚解》则有了注文。从编写体例上看,崔世珍曾为《翻译老乞大·朴通事》专作凡例(李丙畴 1966:33—38),对"国音""汉音""谚音""旁点"等语音性质、所用标记详作说明。体现在文本呈现上,后来的谚解本是分"正音、俗音"逐字注音,并于每句末尾提供全句释义。语句后紧跟注音、释义的课本编写体例,在宋元以来并不少见,朱熹《论语集注》是这方面非常典型的例子。但《老乞大谚解》《朴通事谚解》的独特之处在于,二书不只是关注个别不易把握的读音,而是所有文字全部注音;说解句义关注字面意思,而非文字背后的经史义理。这样处理的优点是显而易见的,字、词、句和音、形、义准确对应,学习直接指向语言本身。

词语注解在崔世珍翻译《老乞大》《朴通事》之初,却如同《经典释文》一般单独成册,他于《四声通解序》中说,"臣即将二书谚解音义,书中古语裒成《辑览》,陈乞刊行,人便阅习",《〈老朴集览〉凡例》(李丙畴 1966:15—18)中说《单字》《累字》之解,只取《老乞大》《朴通事》中所载者为解"。崔世珍所以这样做,如其于《〈老朴集览〉凡例》中说,"两书《谚解》简帙重大,故《朴通事》分为上、中、下,《老乞大》分为上、下,以便翻阅",教材容量过大不便"翻阅",所以才会单独成篇。崔世珍于教科书编纂时非常注意课本容量,他在《训蒙字会》的《凡例》中对此屡次提及,"凡物名诸字,上中卷有所妨碍未及收入者,又于下卷收之,其他虚字可学者虽多,今畏帙繁不敢尽收","注内称'俗'者,指汉人之谓也,人或有学汉语者可使兼通,故多收汉俗称呼之名也。又恐注繁亦不尽收","畏帙繁""注繁"表达的都是对于容量过大的担心。不过随文学习词语毕竟在即时性、有效性上有优势,单纯依据词典来学当然不是常规好用的方法,因此显宗时边暹等修订推出的《朴通事谚解》即将释词置于全句释义之后。该书还在最后附录了《老乞大集览》和《单字解》,《单字解》不像随文注释那样局限于某一个意义,它在书后附录暗含着备考、总结、复习或者是单独教学词汇的性质,但不知为什么《累字解》却没有附上。语言学习涉及的不同种类的注解,被分别安排在课本的相应位置,最大限度地确保了其具体作用和功能的发挥。作为学习主体的课文与辅助学习系统本就不应分割,崔世珍当初的《老朴集览》因为别作一简,当然也就不会得到应有的重视,《朴通事谚解序》说"龙蛇之变,书籍尽灰,而崔氏之释,从而失其传,学译者多病之。近有宣川译学周仲者,于闾阎旧藏偶得一卷书"(李丙畴 1966:41－42),如果注解早就与正文编排在一起的话,恐怕不会有险失其传之虞了。

《朴通事谚解》如此成熟的语言教科书编写体例当然有所继承。西夏时的《番汉合时掌中珠》,"每条词语都由四行组成,第一行汉字为第二行的西夏字注音,第四行西夏字为第三行的汉字注音,第二行西夏字和第三行汉字则为番汉词义对照"(骨勒茂才 1989:3),已经拿西夏文、汉字分别音译语言了。而至元《蒙古秘史》则更进一步,其文本已为包括民歌、散文的叙事性篇章,该书包括音译(汉字音写)、旁译(每个字词的俗语直译)、总译(段落意译)(甄金 1983),按照陈垣的说法,"汉译秘史,与华夷译语本伯仲之书,其用均在习蒙古语,故研究秘史,不可不参以华夷译语"(转引自甄金 1983)。不过《蒙古秘史》未提供蒙语文字,而且旁译以词对译,没有用法说解,随作作注而缺少归纳。崔世珍在做谚解本《老乞大》《朴通事》时,是完全可以参考这些同类汉语学习书籍的,所不同的是他又据朝鲜人学习汉语的特点做了更大程度的完善,以谚文注音释义、离析注解词语、关注完整句子、归纳总结词语用法,让汉语字、词、句的知识积累与用法习得、独立学习与相互支撑兼顾,这些工作使得两部课本更为科学实用。

三　余论

程相文(2001)总结《老乞大》《朴通事》的出现所具有的"开创意义"时说,二书实现了汉语第二语言教学的三大转变:"从词汇教学为中心到课文教学为中心的转变;从书面语教学为中心到口语教学为中心的转变;从语言要素教学为中心到语言交际技能教学为中心的转变";金基石(2006)进一步将其看作是崔世珍直接参与下的 16 世纪朝鲜李朝汉语教育的三个根本性转变:"识字教学为中心到课文教学为中心的转变,书面语教学为中心到口语教学为中心的转变,汉文的直接法教学为中心到对比的翻译法教学为中心的转变"。回顾《老乞大》《朴通事》两部经典教材的成长史,可以说并不存在"词汇教学为中心"或"识字教学为中心"的教育阶段,"书面语教学"在朝鲜时代依然广受重视,"口语教学"同其并重,语言要素教学仍然是学习汉语的相当重要的支撑。他们有价值的观察是"对比的翻译法教学",其功能因训民正音的出现才得以更大程度地发挥。

梳理《老乞大》《朴通事》两部经典教材的成长史，可以在以下几个方面获得不同的认识：

第一，朝鲜李朝时期的汉语教育，取得了非常显著的成就，《老乞大》《朴通事》系列教材的出现，是多种力量共同作用的结果。这其中既有统治者的重视，也有几代学者的积极参与，在教育机构设置、教育制度保障、教育资料编纂、教育实施考核、教育规律探究等诸多方面都作出了很大努力（李得春 1984、2003；李得春、崔贞爱 2008；金基石 2005；黄仙姬 2020；罗乐然 2016）。[①]

第二，《老乞大》《朴通事》教科书编纂上的特点多有传承，无论是宋元以来流行的白话俗文学，还是《番汉合时掌中珠》《蒙古秘史》《华夷译语》等双语辞书、教科书，它们对于《老乞大》《朴通事》教科书从内容到形式都作出了先行良好示范，而崔世珍等历代教科书编订者，敏锐而出色地吸收了这些优点并加以整合，使教科书在汉语习得上内容更为完善。

第三，《老乞大》《朴通事》的经典化经历了几百年、数代人的努力。谚文注解从无到有，注解与课文从分到合，课文语言几经修订，都反映出二书的编写者对于教科书编纂特点认识的不断深化和编辑实践的不断推进。

第四，《老乞大》《朴通事》的经典化离不开相关汉语研究和文献编纂的支持，没有《训蒙字会》《四声通解》等类似中国传统小学的支持，二书虽然突出了口语教学、适于交际等特点，也未必能够取得理想的学习效果。

第五，以当时的严谨的学习支持而论，《老乞大》《朴通事》仍然有不小的改进空间。为汉语词语注音、释义是二书的显著特点，但考察崔世珍的所有注释，它所采用的叙述语言远超学生要掌握的对象语言——汉语口语复杂，诸如"谓官私通行格例曰体礼（例）""生的，天生容范"这样的表达，本来是为助学而设，但却远超二书正文的难度，这很难保障它对学生参考价值的实现。再如"李白，唐玄宗朝诗人，泛采石江，见月影满水，以手弄月，身翻而死"，此说在《摭言》、洪迈《容斋随笔》中都有提及，但后人多疑其事，如元末明初人林弼《过采石》"当年有孙为收骨，捉月之说谁尔云？"《朴通事谚解》却未深分辨。另如显宗时（1677）边暹等修订的《朴通事谚解》，距元亡约 300 年了，课文中仍存"我在平则门边住""南城永宁寺里听说佛法去来"，如注所示"平则门"在明为"阜城门"，"南城"是元时对大都的俗呼，与开平府上都的"北城"相对，这些所谓的"元时之语"其实都需修订。

第六，《老乞大》《朴通事》之后，还陆续出现了一些关注第二语言"口语"特征、"会话"功能，凸显实践与交际目的，以谚文加注读音和句意，借助课文支持语言学习的教科书，譬如《你呢贵姓》《学清》《骑着一匹》，但是它们均未成长为《老乞大》《朴通事》一样的经典。它们在第二语言学习的功能追求、母语支撑方面与早期两书别无二致，但如词语汇集、注释以及连带语法规律总结、对应教学辅助资料编纂等整体编写策略无法跟进，后起教科书的适用范围、影响力始终有限。

联系今天的第二语言教育，《老乞大》《朴通事》经典化所引发的启示则是：在众多的教育保障之中，教科书无疑处于最为基础的地位，而编写一部科学严谨实用的教科书，不得不兼顾传统、联系受众、加强研究、守正出新，同时欲使一部好的教科书真正发挥作用，必须整体设计第二语言教育的系统支持，否则编写上的教科书经典，也未必能够成为实际教学中的经典。

注　释

① 审稿专家特别提出，为使教科书反映真实的汉语口语，"从史料和相关文献来看，为了保证两书中的汉语与当时中国实际的汉语相符，李朝一直存在'质正'制度，也会借助'归化'的中国人来帮助修订汉语教材"。感谢审稿专家的补充。所谓"质正"，就是质询、辨明、就正、校正之义，朝鲜李朝的质正主要针对的是"正音"，其实施对于学习汉语的纯正发音是有益的。

参考文献

程相文(2001)《老乞大》和《朴通事》在汉语第二语言教学发展史上的地位，《汉语学习》第 2 期，55—62 页。

骨勒茂才(1989)《番汉合时掌中珠》(黄振华、聂鸿音、史金波整理)，宁夏人民出版社。

黄仙姬(2020) 朝鲜朝前期的汉学政策研究，《东疆学刊》第 2 期，24—28 页。

金基石(2005) 韩国李朝时期的汉语教育及其特点，《汉语学习》第 5 期，73—80 页。

金基石(2006) 崔世珍与韩国李朝时期的汉语文教育，《汉语学习》第 4 期，76—80 页。

李丙畴(1966)《老朴集览考》，进修堂。

李得春(1984) 朝鲜历代汉语研究评介，《延边大学学报》第 2 期，98—105 页。

李得春(2003) 朝鲜王朝的汉语研究及其主要成果，《民族语文》第 6 期，35—38 页。

李得春、崔贞爱(2008)《老乞大》、《朴通事》及其谚解本在朝鲜王朝华语教育中的贡献，《延边大学学报》第 2 期，34—38 页。

李　娟(2018) 唐代传奇小说对《史记》论赞的继承与发展，《西安文理学院学报》第 3 期，7—10 页。

罗乐然(2016) 朝鲜时代汉语教科书与译官赴华使行知识的掌握——以《象院题语》为研究中心，《域外汉籍研究集刊》第十三辑，133—156 页。

汪维辉(2005)《朝鲜时代汉语教科书丛刊》第一册，中华书局。

熊承涤(1996)《中国古代学校教材研究》，人民教育出版社。

张永言(1985)《训诂学简论》，华中工学院出版社。

甄　金(1983)《蒙古秘史》汉译考，《内蒙古师大学报》第 3 期，22—30 页。

作者简介

李云龙，中国教育出版传媒集团有限公司出版传媒部高级主管，编审，主要研究方向为汉语语法史、语音史和语文课程与教材编写。Email：liyunl@cepmg.com.cn。

高级汉语口语教材中的国家形象建构

宋璟瑶

上海海事大学外国语学院

提　要　当今世界,国家形象是一国"软实力"的重要组成部分,中国在国际上的形象却不尽如人意。对外汉语教材是进行国家形象建构的直接媒介之一,其得失优劣可用文化话语研究的视角进行分析。《高级汉语口语》1、2册塑造了典型、生动、丰富的核心人物和主要人物,选取了当前中国社会普遍、常见的交际语境,利用各种真实、得体的语言和非语言行为,围绕时下的热点话题构造话语,总体来说做到了自然、平实地进行合理、积极的国家形象建构,传达了当代中国的文化与国情。但在内容的全面性,语言的现实性、时代性等方面仍有可改进的余地。在此基础上,可以总结出对外汉语教材中有意识地进行国家形象建构的若干原则,包括:真实性,生动性;代表性,多样性;一致性,发展性;平实性,自然性。

关键词　国家形象　对外汉语　教材　文化话语研究

一　引言

1.1　国家形象建构与汉语国际传播

国家形象,是一个国家综合实力的表现,也是一国在其他国家及其民众当中所获得的总体性的印象和评价(管文虎 2000,23)。随着世界格局的演变和中国自身的发展,中国在国际社会中的形象也经历了较大的衍变。但无论是对传统中国文化充满异域色彩的想象,还是中华人民共和国成立之初意识形态化的敌对印象,抑或此后"践踏人权"的片面认识,乃至近年来的"中国威胁论",他国特别是西方发达国家对中国的认知往往与中国的自我描述和真实国情存在着较大的偏差。借用传播学概念观之,可以说中国的实际形象(客观真实)与他国的认知形象(主观真实)之间相去甚远,而这其中的原因,应当追溯到两者之间的国家传播形象(媒介真实)(段鹏 2007,122－175)。

国家传播形象建构的途径,无非是本国媒介进行的自我塑造,他国媒介进行的他人塑造,此外还可能有双方共同进行的主体间塑造(陈永斌 2015;蒙象飞 2017)。在国际间人员流通日益频繁、网络信息共享使得世界真正成为"地球村"的当下，个体间的跨国界交流获得了前所未有的增加。相应地，国家形象的"自塑"也有了更多以他国普通民众为对象进行传播的机会。近二三十年来，中国愈发注重在世界舞台上的形象塑造，注重文化"软实力"的建设。除了积极参与国际事务、加强国家间友好交流、承办重大会议和国际体育赛事等途径外，大力推动汉语文化的国际传播也是"自塑"的重要措施之一。这种建构和传播的重要工具便是作为文化和信息载体的汉语。世界范围内的"汉语热"兴起已有二十年左右，而今在传播范围与参与人数上正呈蓬勃发展的趋势。除了"汉语桥"这样为精通汉语、了解汉文化的外国人士提供的舞台外，更为直接和普遍的传播媒介是国内外的汉语学习课堂，以及其中所使用的汉语教材。

1.2 对外汉语教材中的国家形象建构

汉语教材与我国正式开展对外汉语教学的实践相伴而生，至今已有六十多年的历史。若将此前为了对外国人开展汉语教学而编写的非正式出版物计算在内，则可追溯到更远。汉语教材编写的直接目的是为汉语教学服务，其中的主体内容——一般表现为"课文"——体现为"话语"的形式，是展示语言点、供学习者模仿的材料。更进一步来看，"话语——依托言语交际进行的社会实践，其根本性质是文化性"（施旭 2018a）。对外汉语教材中的话语作为中国文化载体的一种，其中必然体现着编写者对自身国情和文化的认识，对本国文化传播自觉或不自觉的追求。而对于许多学习者来说，教材是接触汉语言文化、了解中国的第一乃至唯一途径，因此教材在教授语言的同时，也完成了中国国家形象的自我塑造。

从塑造手法上来看，对外汉语教材中国家形象的自我塑造方式，可以分为"显性塑造"和"融入塑造"两种。前者表现为：(1)独立性，往往安排为课文后独立的"文化常识""中国国情"的板块，需要学生单独学习；(2)凸显性，如果出现在课文中，一般是文章或对话所围绕探讨的主题（之一）；(3)差异性，通常偏好选择中国文化独有的事物，特别突出与外国的不同之处。后者则具有如下特点：(1)融合性，将体现中国特质的要素融入课文话语之中，既不游离出来，也不刻意强调；(2)全面性，客观地表现当代中国方方面面的总体状况，兼顾传统的继承与新兴的现象，不以陌生化、新奇化为追求。

从现行教材的类型来看：(1)纯粹的语言类教材仍是主流，这也是对外汉语教学的题中之义。专门的文化类、国情类教材在逐步增加，但仍然偏少，例如:《中国传统文化与现代生活》(2003)、《中国文化常识》(2007)、《中国人的生活故事》(2015)等（周小兵等，2018）。因此，语言类教材一直是并且今后仍将是对外汉语教学中国家形象建构的主要阵地。(2)语言类教材又可依据所训练的内容分为综合型教材、专项技能训练教材等，依据教学目的分为通用教材、专门教材等，依据学习者水平分为初级教材、中级教材、高级教材等。

不同类型的教材所能够承担的国家形象建构任务也随其性质而有所不同。例如,以听力或口语技能训练为主体的教材中,中国的文化与国情主要通过鲜活的对话、发言、演讲等形式体现,作为语言技能教学的背景和材料。再如,初级阶段的学习者语言水平有限,过多融入式的建构会增加其对课文理解的难度,干扰语言项目的学习,同时他们对中国基本常识了解较少,此时适合安排显性方式的文化点等教学项目。而随着语言水平的提高和对中国认识的深入,可以逐步更多地融入当代国情的展示。

1.3 研究简介

我们认为,合格的汉语教材应当成为中国形象代表性、真实性的缩影,能够描述、阐释、评估中国文化中来自传统的部分,以及当代中国新出现的话题、概念、范畴、符号、媒介等,并组织和展示构成以上话语的要素(施旭 2012)。而对这一问题的理性和深入认识,将有助于我们把握目前汉语文化国际传播的现状及其对中国国家形象建构的作用,并在此基础上对汉语教材进行改进,为实现积极正面的国家形象自我塑造助力。然而目前,针对这方面的研究还比较少见。有的探讨汉语国际教育视角下的中国国家形象建构问题,然而并未针对汉语教材进行专门论述(耿直 2018)。有的对汉语教材中的人物形象进行统计和分析,或是仅涉及特定类型的中国人物,如女性形象(连涵芬 2016),有的侧重于探讨教材中的外国人形象(马睿 2013;张碧婕 2016),而忽略了其中对中国本土人物形象的塑造。

国外研究中,第二语言教材中的国家形象问题主要在与文化相关的教材研究中有所涉及,Weninger & Kiss(2015)将此类研究按照理论和方法论取向分为三类:文化内容研究,如 Rodríguez & Espinar(2015)对"大 C 文化"和"小 c 文化"在教材中体现的研究;批判话语研究,基本沿用 Fairclough(1995)的研究取向,分析教材中的语言手段和话语策略背后的文化、意识形态、权力关系等因素;多模态符号研究,关注教材中的文本、图片等符号在教学、社会、文化等层面上的作用和意义。以上研究以英语作为第二语言(EFL)的教材为主要研究对象,但近十年来对汉语教材的研究数量也在增加。此外还有结合上述两种视角的研究路径,例如 Xiong & Peng(2020)对汉语教材中的文化表征进行的"批判社会符号学"研究。

综合以上认识和现状,我们认为,对外汉语教材中的国家形象话语建构问题,适于用"文化话语研究"的理论视角和研究方法来进行探析。在这一理论框架中,施旭(2018a)将"作为社会实践的话语"拆解为六大要素,分别是:对话主体、形式/意旨、符号/渠道、目的/效果、文化关系、历史关系。在语言教材中,这六个方面恰好涵盖了所要考量的话语要素,也是第二语言教学的材料所着重考虑的方面:

主体——话语参与者

形式——语言和非语言交际

媒介——交际情景

目的——语言功能

文化关系——目的语和其他语言学习者的关系

历史关系——目的语及其文化的古今变迁

从理论取向来看，该研究框架及其方法论结合了前述的第一、二种思路，即教材中的文化内容研究和批判话语研究，因而更加适合用来探讨"国家形象塑造"这一复杂多维的命题。因此，本研究以"文化话语研究"作为理论基础和方法论的指导，并依据语料特点加以调整，形成本文的研究框架。通过文化话语视角下的研究，我们期望了解高级汉语口语教材在国家形象塑造方面有哪些贡献与不足之处，并据此探讨国际汉语文化传播过程中利用教材话语进行国家形象自我塑造的原则。

在研究语料方面，我们选取了"博雅对外汉语精品教材"中"口语教材系列"的《高级汉语口语》(第三版)1、2册作为话语材料来源。该教材由刘元满、任雪梅、金舒年编著，北京大学出版社出版，两册的出版时间分别为2014年、2016年。每册12课，共24篇课文，内容均为社会生活不同场景中的话语行为。该教材自首次出版以来，在以北京大学为代表的诸多高校、汉语教学机构中使用，并受到国内外汉语教师和学习者的广泛好评。最新的第三版更具时代感，被评价为是一部较好的实用口语教材。本研究将以"文化话语研究"这一全新的理论视角和方法对此教材中的国家形象建构问题进行剖析。诚然，国家形象这一概念具有复杂的内涵和多维的功能(孙有中 2002)，需要从多学科、多角度进行系统性的研究(张毓强 2002)。本研究期望从其中一个角度入手，对汉语教材中的国家形象建构这一问题进行深入探索，反映特定领域的国家形象建构现状，提供一种看待问题的视角。

二 《高级汉语口语》中的国家形象话语体系

2.1 话语主体建构

语言教材中的人物既是话语的参与主体，也是国家形象建构的重要符号。好的人物形象不仅有助于提高汉语学习的效率，更可以"平和、巧妙地把中国人的价值观、文化模式、心理态度等传递出去"(朱勇、张舒 2018)。但长久以来，人物形象塑造并未成为对外汉语教材编写者们普遍重视的问题，对人物之间的关系、人物所匹配的交际场景和话语风格等也没有进行深入的讨论(刘元满 2017)，遑论认识到其在国家形象建构中的作用。

但随着编写实践和理论研究的进展,时下已有不少教材在人物塑造上投入了更多的注意力。下面我们以《高级汉语口语》1、2册中的人物形象为例,分析其中特点,并探讨其在国家形象建构方面的得失。

据统计,这两册教材中共出现作为话语参与主体的人物43个,男女比例基本持平。其中出场次数多于一次的12个,其分布见表1:

表1 主要人物出场次数

	姓名	第1册出场次数	第2册出场次数	总次数
1	林志强	9	6	15
2	铃木雅子	6	4	10
3	林雪	5	3	8
4	郝阳	4	3	7
5	林父	4	1	5
6	林母	4	1	5
7	张华胜	3	2	5
8	刘玉玲	1	3	4
9	李辉	1	1	2
10	王思思	1	1	2
11	元元	1	1	2
12	大陈	0	2	2

从出场总次数来看,林志强及其女友铃木雅子很明显是这套教材的核心人物,或称"主角"。林志强的姐姐林雪及其丈夫郝阳的地位次之,再次是林家父母,以及后来成为恋人的林志强同学张华胜、林雪同事刘玉玲。因此,教材中所有的话语片段都是以这一"主角团队"的成员为主体,辅之以其他次要角色来开展。"主角团队"中的成员地位亦有由主要到次要的渐次变化。这些较为稳定的话语主体的设置和复现使得整套教材具有了连贯性、一致性,也使得其中的多个话语不是孤立的文本,而是处在同一个大的语境当中。这个语境虽然是教材建构出的内部虚拟环境,但也是学习过程中在学习者认知中建构出的"中国社会"环境,因而更是当代中国现实状况的一个缩影。

从人物间的相互关系来看,除林家的6名成员(包括铃木雅子)以外,其他人物绝大多数是通过与"主角团队"的关系从而在话语中获得身份定位的。这种定位的分布见表2:

表 2 次要人物关系定位分布

林志强	林雪	郝阳	铃木雅子	其他
14	11	8	5	8

我们看到,因核心人物林志强而得到话语定位的人物数量最多,其中大部分是"同学"。其次为同属"主角团队"的林雪、郝阳,其中多为"同事""邻居"。铃木雅子虽然也是核心人物,但因其外籍人士的身份,使得她能够定位的人物较少,其中的关系多为"同学",以及在特殊语境中产生的临时关系,例如"旅伴""医生"等。另有 8 个人物是依赖主角以外的角色得到定位,所关联的角色各自不同。这些人物间的复杂关系构成了教材内部的人际网络,使得教材内部语境形成模拟现实社会的"小世界",从而将当代中国的人际关系和交往状况利用话语主体的设定而呈现出来。

再来看人物在教材内部的分布情况。从表 1 可见,"主角团队"的成员出场次数都是第 1 册略多于第 2 册。另外,在仅出现一次的 31 个次要角色中,11 个出现于第 1 册,而出现在第 2 册的达到 20 个。这说明,随着学习者水平的提高,第 2 册的话语主体丰富性也有了拓展,从而能够容纳更为广阔的社会现实,反映更为多样的社会群体。

所有人物的年龄分布见图 1:

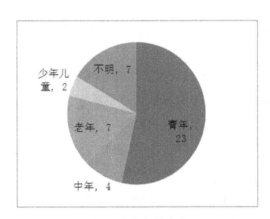

图 1 人物年龄分布

图 1 表明,除去若干年龄信息不明确的人物,其他角色的年龄主要分布在青年阶段,老年人其次,中年人和少年儿童较少。从分布上来看,在仅出场一次的 15 名青年人中,有 13 名出现在第 2 册。而 5 名老年次要人物中 4 位都出现在第 1 册,并且同为老年人的林父、林母在第 1 册的出场次数也明显多于第 2 册(参见表 1)。可见,该教材的话语主体明显以青年人为主力,并且该倾向在第 2 册尤为突出。这是由目前汉语学习者主要分布在年轻群体,以及该教材的定位主要是面向青年学习者所决定的。以同为青年人的角色

为主体来组织话语,既能使学习者容易代入语境、调动交际所需的认知资源,也能使学生首先熟悉在中国最有可能遇到的交际情境。在青年人物中也可细分出两类,一类以林志强、铃木雅子等为代表,年龄在25岁左右;另一类以林雪、郝阳等为代表,年龄在30~40岁之间。这种对人物年龄段及相应的生活状态的细化也更加符合当代中国社会的真实状况,能够为学习者建构起多样的形象认识。但也受限于篇幅和定位,该教材对其他年龄的群体关注不足。第1册中对老年人的生活进行了专门的探讨,这也是老年人物主要分布于该册的原因。而中年人、少年儿童等则较少受到关注。

图2反映了人物的职业构成:

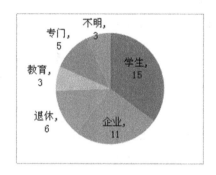

图2 人物职业构成

我们从图2中看到,占比例最高的人物职业是学生,其中包括研究生12名及其他类型的学生3名。其次为企业工作人员,包括9名普通职员与2名管理人员。退休人员6名,从事教育行业的人物3名,职业不明的3名。此种分布也与前文对人物年龄的分析有所呼应。另有5人所从事的职业专门性较强,其出场与所处话语的特殊语境需求息息相关,这些人物也大多没有被赋予专门的姓名,而是用其职业来代称,例如:记者、医生、售货员、电视台主持人,等等。

最后来看人物性格方面。该教材十分注重人物特性的多样性和连贯性。除了书前有对几位核心和主要人物个性的简单介绍外,人物性格主要是在具体的话语中塑造起来的。这可能是在话语中直接陈述,或是自然而然体现出来的,例如:

(1)志强:我这个人你知道,天生的好动不好静。让我整天坐办公室,那简直是活受罪。像什么公务员啦、研究人员啦,还有企业的科室人员什么的,对我都不大合适。(第2册,第二课)

(2)华胜:好香啊! 我这儿也有好吃的,无锡排骨,不过是买来的,省事! 这叫懒人自有懒办法。哟,志强给我们吃日本寿司了,今天真有口福。(第1册,第十课)

(3)华胜:没办法,一记单词我就犯困,可一说吃,我就精神了。我饭做得不行,

可对吃还是很有研究的。我的目标就是成为民间"美食家",把所有的美味都尝一遍。(第1册,第十课)

从(1)中林志强的自我评价,可以知道他是个活泼好动的人。而(2)(3)的语言则反映出了张华胜俏皮幽默的个性。

人物性格也可以从其所持的观点当中窥见一斑,例如:

(4)老周:对,对,应该"男主外,女主内"嘛,我就喜欢贤妻良母型的女性。(第2册,第三课)

从(4)中可以看出,老周这个人物思想比较保守,喜欢传统的家庭模式。此外,人物性格的表现也能够得到一定的非语言行为的辅助。例如:

(5)孙大爷:让各位见笑。跳舞我是外行,我五音不全,不会踩点儿,只会踩人脚,我就干脆来这种不妨碍别人、自我满足的方式。(做了几个动作)你们瞧,我的腰腿还可以吧。(第1册,第四课)

(5)中,孙大爷在话语当中插入了太极拳这一非语言动作,既对话语的进展有辅助作用,也表现了该人物开朗外向、老当益壮的性格。

利用以上方式,该教材塑造了诸多性格各异的人物形象,例如:铃木雅子文静、认真、有爱心;郝阳稳重、踏实,是能干的广告设计师;林父开明、大度,宠爱外孙女,退休后爱好广泛……这些人物又各有自己的缺点,例如:林母十分节俭,不舍得扔掉旧东西;张华胜虽然兴趣较多,却难以坚持;杨芬作为饭店经理,是个工作狂和完美主义者,难免影响到自己的身心健康,等等。

此外,该教材中的人物还具有一致性和发展性。前者往往体现为情节的连续性,例如第1册第七课中提到南方人比北方人要矮一些,第十一课介绍了林志强的室友李辉是南方人,学普通话有困难,第2册第四课中,李辉找工作又遇到了身高歧视。这就使人物的形象前后连贯,并且也丰富了起来。再如,第1册第四课中塑造了周平这位替女儿找对象的退休母亲形象,第2册第七课中她的女儿刘童童已经订了婚,但对方是离异带孩子的男性,这又遭到了周平的反对。人物的发展性,如第1册第十课中,林雪想将自己的同事刘玉玲介绍给林志强的大学同学张华胜,第2册第一课,刘、张二人一起逛街买衣服,第二课中林志强提到,张华胜忙得没时间和女朋友约会,到了第十课,二人已经明显是恋人关系。这种前后呼应能够产生一种文本间性,为学习者理解话语提供了先在的语境,更能够传达出超越课文长度的隐性情节,建构出更为丰富和广阔的社会生活模型。

以上人物囊括了较为多样的个性类型,同时也展现出了人物自身的复杂性。他们在话语行为中所不知不觉体现出的是"中国人的心理、行为特点",因而能够在语言教学的同时增强学习者"对中国人和中国文化的了解"(朱勇、张舒 2018)。

综上,这两册教材的人物设置体现出"核心人物—主要人物—次要人物"的出场频度差异,其中核心人物和主要人物贯穿整体情节,以其为中心形成了复杂的人际关系网络,并随着语言水平的提高而逐渐拓展范围。从人物的性别、年龄、职业等方面的分布来看,该教材侧重塑造青年人形象,男女基本平等,职业上多为学生与企业人员群体。人物性格较为多样和丰富,并且塑造手法比较自然,避免了过去教材中的中国人形象平面、单一、"脸谱化"的问题。这些人物形象既是话语中的主体、语境的有机组成部分,也在不自觉地建构着当代中国和中国人的总体和具体形象,为学习者了解中国提供了具有较高真实度的模板。

2.2 话语形式建构

作为口语训练文本,该教材中的话语以言语形式为主,非言语形式起辅助作用,并配合以教材特有的课后"注释"、练习等。

在语言方面,从话语结构来看,课文中的每次话语交际都有3~6个人物参与,包括15~40个话轮,平均话轮数为25.7个。可以说,与初中级阶段篇幅短小、基本上为二人对话的课文相比,高级水平的口语教材中出现的话语在人物数量、话轮个数等方面与真实情境下的交际事件更为接近。从言语内容来看,该教材的课文都具有鲜明的口语色彩,例如前文例(1)—(4)。同时课文后的注释也以解释典型的口语表达为主,例如"好汉不提当年勇""不是一家人,不进一家门""你说的哪儿跟哪儿呀""往枪口上撞""满是回事儿的"等。

话语中的非言语形式包括两类:一类起情节推进作用,是话语外部语境的一部分,交代与话语进展有关的情境事件,例如:

(6)(艾兰的手机响了)(第1册,第二课)

(7)(孙伟平推门进来)(第2册,第四课)

另外一类起交际辅助功能,是话语本身的组成部分,例如:

(8)志强:(指着靠里面的座位)请父母大人先入上座吧!(第1册,第十二课)

(9)大陈:(伸懒腰)哎哟,咱们聊了半天,也该"解放解放"了吧。(第2册,第三课)

(8)中的"指着……"、(9)中的"伸懒腰"都是与言语配合的交际动作,能够使读者了解话语主体的动作、语气、神态乃至个性等信息,是话语不可或缺的部分。

由此可见,该教材中的话语不仅仅是言语文本,也包括其所处的虚拟语境,以及其中主体的各种非言语表现,同时配合以教材中的插图、音频材料等。这样的话语是一个多要素共同组成的复杂事件,具有整体性、系统性。虽然由于教材的形式所限,无法做到百分之百的还原度,但已经能够一定程度地展现当代中国的社会生活和人际交往场景,这样的话语不仅呈现出言语内容,更利用动作、表情、语气等要素建构了活生生的交际中的中国人物形象,而非简单的"标签式"角色。学习者通过阅读和模仿这样的课文,能够不知不觉习得言语中所伴随的"副语言"因素,从而熟悉真实的中国人是怎样说话、怎样做事的。

该教材的话语也有做作、不够自然之处,例如:

(10)林雪:我觉得这是中国的社会特点决定的。中国自古以来就是个农业国家,古人是按照农历来安排农业生产和日常生活的。春节期间,正好一个收获季节过去了,南方和北方都是农闲季节,人们的时间比较充裕,可以好好儿地来娱乐、休息,也便于举行各种庆祝、祈祷的仪式。另外,从经济的角度来说,春节是在农作物收获之后,也给人们提供了比较丰厚的物质基础,为改善生活创造了条件。

志强:中国采用公历也就一百年,悠久的历史和文化使得中国人过春节格外隆重。(第1册,第十二课)

这两个话轮意在介绍中国过春节的传统习俗,但所使用的言语方式既不符合当前话语的交际情境(一家人吃年夜饭),也不匹配人物的性格和语言特征,故而有为了介绍"中国传统文化"而强行指派话语内容、生硬造作之感。

另外,该教材中的语言虽然绝大部分符合当前中国人的交际习惯,但也有个别落后于时代、不具有普遍性的表达。例如:

(11)陈健:这样的女朋友现在可不多啦,你真有福气。我们那位就没这么好说话了。(第2册,第二课)

(12)林雪:各位,尝尝我们家那位做的"三杯鸡"。(第2册,第三课)

(13)大卫:……就在这时候,一辆出租车在我旁边停下了。车里一位小姐问我去什么地方,说可以带我一段。(第1册,第二课)

类似(11)(12)教材中人物提到自己的恋人或配偶,几乎一律用"我们(家)这/那位"的表达,而据我们的调查,这样的指称方式现在已不多用,特别是年轻人的群体几乎不会使用。而(13)中"小姐"这样的称呼近年来已经逐渐被淘汰且容易造成误会。

以上现象说明,教材中的话语设计既要时时遵循真实性,不能"以意害文",也要考虑时代性,做到及时更新、与时俱进。

2.3 话语媒介建构

在话语的媒介这一方面,我们主要考虑教材中话语所赖以开展的语境。对所有课文

的考察表明,这些话语所发生的语境可归纳为如下几类,见表3:

表3 语境类别统计

	第1册	第2册	总计
餐饮场所	3	5	8
私密空间	4	2	6
开放空间	3	2	5
正式场合	1	2	3
医院	1	1	2

表3中,出现次数最多的语境是餐饮场所,即酒吧、饭店、茶馆等。其次为家庭、宿舍等较为私密的空间。再次是公园、小区、火车等开放空间。正式场合出现不多,主要是招聘会、电视节目录制现场、大学讨论会等。此外还有医院这一特殊语境,在两册中各出现一次。我们看到,和早期动辄将话语设置在长城、颐和园、全聚德等文化名胜类地点相比,这两册教材选取的多是日常生活中常见的环境和场景。这使得教材中的话语更为亲切可感,同时能够展示当代中国的真实风貌,特别是对于在中国生活和求学的留学生来说,这样的课文话语情景更加贴近他们的日常经验,能够使得教材与实际体验相互补充和印证,共同建构完整、真实的当代中国各界形象。

2.4 话语目的建构

话语交际的目的体现在每段话语所围绕的"话题"当中。该教材中所有话语的话题分类统计结果见表4:

表4 话题类别统计

文化	家庭	职业	老龄	健康	消费	公益	其他社会现象
5	5	3	2	2	2	2	3

在"文化"类话题中,主要是对中国文化与国情的介绍,包括的话题有:谐音的习俗与禁忌、南北方差异、饮食文化、方言、节日习俗等。从话语所探讨的内容和方向来看,以平实介绍为主,少有中外对比,且着眼于当下现实,而非一味介绍古代、传统文化。例如第1册第三课是关于汉语的谐音所带来的一些习俗和忌讳,其中提到了"不能分梨(离)""枣(早)栗(立)子"等传统习俗,但也借人物之口说出了"我倒不是迷信,可也别破坏了规矩""现在大家都晚婚晚育少生,我看这个习俗会慢慢消失的"。随后还介绍了现代新产生的一些谐音现象,例如对"8"的追捧以及婚车品牌的选择等。此外也介绍了至今仍有生命

力的传统习俗,例如对红色的喜爱。由此可见,该教材在文化方面的选题做到了立足现实、古今平衡、与时俱进,也基本完成了利用话题选择完成国家形象建构这一话语目的。

在"家庭"类话题中,出现的主要是爱情、婚姻、夫妻关系等话题,也涉及子女教育等问题,其中委婉地指出"男女授受不亲""男主外、女主内"等观念早已不适用。同时探讨了婚姻合同、早教、对待二婚的态度等新兴问题。

"职业"类关注当下青年人求职、就业以及自我提升的选择,展现了公务员、企业、继续深造等较为普遍的选择,也探讨了目前存在的各种就业歧视问题,以及通过留学等方式充实自我、求得职业发展的途径。

"老龄"类探讨了退休老人丰富多彩的生活和两代人不同的观念。"健康"类既有对中医的简单介绍,也有对"亚健康""现代文明病"的关注。"消费"类介绍了时下人们对是否买名牌货、高档货以及怎样分配消费与投资等问题的不同观点。"公益"类触及对弱势群体的关怀以及动物保护问题。此外还有其他社会热点问题,例如网络的利与弊、广告的普及、如何分配业余时间等。

总的来看,该教材所囊括的话语内容范围较广,基本反映了当下中国社会的主要方面和热点话题,但囿于教材自身篇幅,仍有未能收入或深入探讨的问题,例如教育、环境、经济、科技等,可以适当减少"文化"和"家庭"两类话题,使话题内容覆盖面更加多样和广泛。

2.5 文化关系与历史关系建构

从以上分析可以看到,作为一部面向外国汉语学习者的高级口语教材,《高级汉语口语》中的话语在处理自我与他者、传统与现代、实体形象与媒介形象等问题上体现出如下特点:

一是重视普适性和写实性,不以新鲜、猎奇为卖点,不刻意树立"异域"的形象,不将自我建构为外国人眼中的"他者"。这体现为塑造普通常见、性格真实立体、能代表当下中国人生存状态的人物作为话语主体,以言语、非言语形式配合日常环境,共同营造具有现实意义的交际情境,并选择具有普遍性、时代性的社会热点作为话题,引起学习者的共鸣而非单纯地刺激其好奇心。例如第1册第六课,谈到中国老一辈人的"节俭":

(14)林母:哎,他们还订了一套高档家具呢!其实原来那套就挺好的。说不要就不要了,真是花冤枉钱。

林父:你呀,说你老脑筋你可别生气。那么好的房子,放一套旧柜子在里面也不相配。郝阳常常在家办公,换一套好点儿的也应该。

林母:简直成了宫殿了,过去的皇帝也比不上他们。不过,不怕你们说我多嘴,过日子总是要细水长流。房子是好,但取暖费、物业费、停车费,

　　　　加上水电什么的花销也挺大,还是得仔细一点儿。
　　林父:我说你呀,老脑筋也该换换了! 咱家那台旧电视,要不是孩子们坚持换,你肯定还在凑合看呢。年轻人现在工作都很拼命,也有机会发展,高收入高消费嘛。他们的想法我支持,不必死攒钱,在经济能力许可的条件下不妨享受享受嘛。
　　林母:这个老头子,倒教训起我来了,好像我这一辈子亏待了你似的。
　　林父:那可不! 还没受够呢,下辈子还得来找你。(第1册,第六课)

(14)中的老夫妻围绕节俭的对话,并没有将其形象塑造为过分的"小气""吝啬",也没有用一些极端的"抠门""贫穷"的例子博人眼球,而是在日常对话中表现出老年人节俭思想的来源、老年人当中也存在的想法分歧,以及他们也会跟随社会发展的趋势,并且加入了老夫妻之间的玩笑话,十分富有生活气息。

二是表达方式上以介绍代替宣传,没有一味堆砌正面、"光辉灿烂"的材料,或是急于自我赞扬、辩白,而是通过自然的话语建构,平和、巧妙地逐步塑造出具有真实性和现代性的中国形象,达到"润物细无声"的效果。例如关于中医的一段对话:

(15)铃木:我是第一次看中医。中医说"良药苦口利于病",真的特别苦,很难喝吗? 我还听说煎药很麻烦。
　　医生:你对中医很了解嘛。汤药见效快,因为完全是按照你个人的情况配药。中成药也可以,见效稍微慢一点儿。药房可以帮病人代煎汤药,你带回去加热一下就可以喝。……
　　志强:怎么样? 开了什么药?
　　铃木:你看,这是汤药,还开了两种中成药,助消化的。原来我觉得中医要望、闻、问、切,挺神秘的,看了以后才觉得其实不复杂。医生给我把了把脉,看了看舌头,问了一些话,说是脾胃失调,让我服药以后多休息。
　　志强:中医认为病症都是由气、血、阴、阳失去平衡造成的,必须要对症下药。中医还讲究"药食同源",有好多食物可以补身体,什么人参白木耳,红枣老母鸡;还有很多关于养生的说法,比如"吃饭七八分饱,爬楼走路慢跑"。要是我妈给你讲,那是一套一套的。

(15)中并没有出现"博大精深""源远流长"等直接褒扬之辞,也几乎没有对于外国学习者来说晦涩难懂的中医专业词汇,而是用日常语言介绍出中医的基本观点,同时结合人物的日常经验,使得中国文化因素不知不觉渗透在了话语之中,并且真实可感,十分亲切。

此外,还值得关注的是该教材中的外国人形象。在汉语教材中设置外国人物是由来已久的做法,能够使学习者具有代入感和认同感。但长期以来,很多对外汉语教材中的外国人形象都存在着失真的问题,或是言行举止并不符合其国籍身份,倒像是起了个外国名字的中国人,刘元满(2017)称之为中国思维在外国人身上"附体",或是成了宣扬中国古老、新奇因素的工具,大都对着北京烤鸭、熊猫、长城等赞不绝口。此外,对不同国家和民族的人物塑造往往也受制于刻板印象。该教材中并未着意设置过多的外国人物,而是以展现普通中国人生活风貌为主要目的。其中贯穿总体的外国人角色只有一位铃木雅子,其身份定位是中文系的研究生,做事认真,热心公益,平时文静但遇到自己爱好的事物也有"疯狂"的一面,并且汉语十分娴熟。另外还有两个仅出场一次的外国人角色:大卫和女朋友艾兰。前者国籍不明,后者是加拿大人,在中国戏曲学院学习京剧。在该次话语中,二人的汉语非常地道,艾兰还一直在用"青梅竹马""蝴蝶双飞,形影相随"这样的词语。考虑到本书为高级教材,其中的外国人物设定也是在中国求学,汉语水平较高,这些人物的塑造可算是差强人意,几乎没有"刻板印象"的问题。这种不从自我出发对"他者"形象进行扭曲的做法,也更有助于真正的"他者"接受我们对于自我形象的建构。

三 对外汉语教材中的国家形象建构原则

综合以上分析可知,《高级汉语口语》1、2册这部教材,以文化话语研究的视角观之,在话语主体形象、话语形式、话语媒介、话语目的与效果,以及话语中体现的文化关系等方面基本实现了积极、有效的国家形象建构。但受制于教材本身的篇幅和时代,在全面性、时效性等方面仍有一些不足。

基于以上结论,本节我们尝试总结对外汉语教材中利用话语进行有意识的国家形象建构所存在的困难以及应当遵循的原则。

3.1 对外汉语教材中的"双重话语"

以话语研究的观点来看,第二语言教材实际上包含着"双重话语"的结构。首先,作为教材主题的课文都是以话语的形式呈现给学习者。这些课文虽然是编写者建构出的"虚拟"话语,但本着语言教学的目的,会尽量贴近地道、真实的日常言语,包含话语交际的所有必要因素。另一方面,作为外国学习者接触汉语文化、认识中国国情的直接乃至唯一途径,对外汉语教材本身便是当今国际社会背景下无时无刻不在发生的、广泛而有机的文化话语交流的一部分。因此,这种教材话语也与更大范围内的当代中国话语探索面临着同样的困难和任务。

长期以来,国际社会对中国形象的认识一直囿于西方所主导的话语体系,我们自身的话语也一度罹患了"失语症",迷失了对自己的形象定位。体现在汉语教材上主要有两种"症状":其一,刻意迎合西方的猎奇心理,一味地凸显中西方的文化差异,在教材中处处罗列长城、北京烤鸭、京剧等文化元素,事实上更加强化了"异域"的刻板印象,忽略了当代中国的真实状况;其二,不自觉地戴上了"他者"的眼镜,用西方的视角来看待自我、展示自我,乃至塑造出失真的"西方人"形象,他们都爱打太极拳、写毛笔字、剪窗花,却没有能够深入了解中国的文化与国情。从本文所分析的教材语料来看,治疗这种"失语症",用汉语教材的双重话语讲好中国形象的故事,需要树立两方面的认识:

正确认识和体现中国话语的文化特殊性。一段时期以来,各类西方语言教材,特别是经典英语教材在我国十分流行,其中伴随输出的西方价值观及其话语方式也对国内各类语言教材的编写产生了深刻的影响。在体例模仿已经相当娴熟的当下,对外汉语教材编写所需要的是重拾中国视角,正确认识并客观体现中国文化的特殊性。

例如,《高级汉语口语》第1册第三课以"谐音"为主的习俗为话语主题,在三位中国人和一位日本人之间展开了对话,但既没有特别强调汉语文化传统的新奇性,也没有刻意发掘古往今来的奇特习俗。首先介绍了传统的"分梨""吃醋""早生贵子",然后列举了近年来流行的数字谐音、发菜、婚车品牌等现象,既认为一些习俗"会慢慢消失的",也看到另外一些仍然有着生命力,所以"现实生活中不讲忌讳还真不行"。课前的"热身话题"启发学生思考自己国家的习俗,课文话语又以日本人铃木雅子的"哪个民族都有这样的讲究"作结,即体现了个性与共性的辩证统一,又兼顾了矛盾发展的规律。

再如同册教材第四课,以若干退休老人为话语主体,一方面展现了当代老年人积极参与文体活动、社会公益、旅游等的丰富生活,另一方面也塑造了为儿女婚事操心的"中国特色"父母。在当前"新一代"老年人逐渐进入退休生活、我国也已步入老龄化社会的背景下,这样的话语充分反映了变革中的中国社会面貌。

正视中外话语的文化差异性。中国文化以儒家思想传统为贯穿历史的主线,在数千年的发展中形成了一套不同于西方体系的价值观和社会伦理,例如"和""礼""仁""天人合一"等,其中很多在当今世界仍有着现实意义。在处理对外汉语教材中的中外文化,特别是中西方文化差异时,这些观念可以作为指导性的原则,而非西方话语中的二元对立、非此即彼的方式。例如《高级汉语口语》第1册第十二课中,既通过人物对话介绍了春节的习俗,也提到了现代中国人还庆祝"传统的、现代的,再加上外国的"节日,比如"情人节""母亲节""父亲节"等,这种多元文化良性竞争,能够兼容并蓄、和谐共存的理念并非新产物,而是中国传统文化的新复兴(施旭 2018b)。再如同册教材第七课中,一位女士对铃木雅子说,中国这么美,"那就留在我们中国好了",同时的非言语行为是"笑着看看林志强(铃木的中国男友)"。这一细节的安排十分微妙。该女士想要表达的是"你可以嫁给林志强,从而留在中国"。但在中国文化中,婚姻问题的谈论还是需要含蓄委婉的,这里的言语和非言语行为的配合,收到了"言有尽而意无穷"的效果,正是"虚实相生"的话语策略的体现(施旭 2018b)。

3.2 国家形象建构原则探讨

基于以上文化话语研究视角的思考和讨论,我们将对外汉语教材中的国家形象建构原则总结为如下几点:

(一)真实性、生动性。对所要建构的国家形象有正确的定位,认识到中国与其他国家,特别是西方国家并非是"自我"与"他者"的二元对立,因此不必着意寻求特异之处。这体现在塑造若干切实可感、处于现实的人际关系网络中、能够代表当代中国面貌的人物形象,而非局限于精英人物、历史名人(朱勇、张舒 2018)。选取日常多见的社会场景作为话语的虚拟语境,匹配以得当的言语和非言语交际形式,围绕时下中国人所关心的话题开展话语行为。自然、平实地展现当代中国的风貌。

(二)代表性、多样性。继承多元共存、整体综合的思维方法,注重人物性别、年龄、职业、性格,以及语境、话题等方面的代表性和多样性,尽量做到囊括尽可能多的社会投影,使学习者做到"管中窥豹,可见一斑"。同时坚持辩证的思路,塑造性格立体、多面而非平板式的人物形象。对于当前社会上仍有不同意见的问题,可以讨论、争辩的话语形式将各类观点呈现出来,同时坚持"和而不同"的出发点,不轻易评断各家正误优劣。

(三)一致性、发展性。秉持辩证发展的思路,在人物、情节、话题等的安排上既体现出性格、关系、认识等方面的演进,展示角色的成长与时代的进步,也能够坚持其内核的一致性和细节的前后照应,使学习者遵循一定的规律由浅入深,随着语言能力的提高逐步在其认知中建构起中国形象的模型。

(四)平实性、自然性。在具有充分的文化自信的基础上,国家形象的自我建构并不需要采取直接、显性、宣传的方式,而是做到"意在言外""言有尽而意无穷"。在平实可信的话语交际材料中自然而然地将信息传达给学习者,使其在习得汉语的同时不知不觉地积累起对当代中国文化及国情的正确、全面的认识。

四 结语

本文以一部高级汉语口语教材为语料,利用文化话语研究的视角和框架,探讨了对外汉语教材中的国家形象自我建构问题,从话语主题、形式、媒介、目的以及文化关系等方面,分析和评价了该教材的优劣得失,并据此提出了对外汉语教材中有意识的中国国家形象建构所应当遵循的原则。

积极、有效的国家形象建构是目前中国立足世界舞台、参与国际事务的重要前提和保障,也是国际汉语文化传播必须重视的任务之一。对外汉语教材是外国人士接触和学习汉语、了解中国文化与国情的直接渠道。在汉语教材中有意识地进行国家形象的自我建构,将有助于扭转现下西方发达国家把持国际话语权,对中国进行不实、歪曲的形象宣传,并且"他者塑造"压倒"自我塑造"从而造成我国"失语"的状况。

参考文献

陈永斌(2015)当代中国国家文化形象的系统构建及其话语生成,《社会科学战线》第 4 期,271—274 页。

段　鹏(2007)《国家形象建构中的传播策略》,中国传媒大学出版社。

耿　直(2018)论中国国家形象的话语构建——以国际汉语教育为视角,《人民论坛·学术前沿》第 3 期,100—103 页。

管文虎(2000)《国家形象论》,电子科技大学出版社。

连涵芬(2016)对外汉语教材中的中国女性形象研究,《现代语文(学术综合版)》第 6 期,145—148 页。

刘元满(2017)汉语教材中的人物关系及话语得体性分析,《国际汉语教学研究》第 2 期,81—89 页。

刘元满、任雪梅、金舒年(2014)《高级汉语口语 1》(第三版),北京大学出版社。

刘元满、任雪梅、金舒年(2016)《高级汉语口语 2》(第三版),北京大学出版社。

马　睿(2013)对外汉语教材中留学生形象的修辞塑造,《毕节学院学报》第 5 期,6—10 页。

蒙象飞(2017)中国国家形象话语体系建构中的符号媒介考量,《云南社会科学》第 5 期,44—49 页。

施　旭(2012)话语研究方法的中国模式,《广东外语外贸大学学报》第 6 期,5—7+26 页。

施　旭(2018a)文化话语研究与中国实践,《中国外语》第 6 期,0+10—15 页。

施　旭(2018b)(逆)全球化语境下的中国话语理论与实践,《外国语》第 5 期,90—95 页。

孙有中(2002)国家形象的内涵及其功能,《国际论坛》第 3 期,14—21 页。

张碧婕(2016)初级汉语教材的美国人物刻板印象初探,《国际汉语学报》第 7 卷第 1 辑,258—263 页。

张毓强(2002)国家形象刍议,《现代传播》第 2 期,27—31 页。

周小兵、张　哲、孙　荣、伍占风(2018)国际汉语教材四十年发展概述,《国际汉语教育》第 4 期,76—91 页。

朱　勇、张　舒(2018)国际汉语教材中国人物形象自塑研究,《华文教学与研究》第 3 期,24—30+54 页。

Fairclough, N. (1995) *Critical discourse analysis: The critical study of language*, London: Longman.

Rodríguez, A. R., & Espinar, A. L. (2015) General and specific culture learning in EFL textbooks aimed at adult learners in Spain. *Studia Anglica Posnaniensia*, 50(1), 5—25.

Weninger, C., & Kiss, T. (2015) Analyzing culture in foreign language textbooks: Methodological and conceptual issues. In X. L. Curdt-Christiansen, & C. Weninger (eds.), *Language, Ideology and*

Education: The Politics of Textbooks in Language Education, 50–66, New York: Routledge.

Xiong, T., & Peng, Y. (2020) Representing culture in Chinese as a second language textbooks: a critical social semiotic approach. *Language, Culture and Curriculum*. DOI: 10.1080/07908318. 2020.1797079.

作者简介

宋璟瑶(1986—),辽宁大连人,上海海事大学外国语学院讲师,专业为语言学及应用语言学,研究方向为现代汉语语法、对外汉语教学。Email: js727@sina.com。

跨文化交际理论研究及研究发展趋势

裴蓓

浙江工商大学

提　要　本文依据跨文化交际理论研究核心论题的演化与转变,结合时间发展的脉络,对主要的、有代表性的跨文化交际理论研究进行梳理和评述。我们将其大致分为起始、发展、深化三个阶段:起始阶段以跨文化差异和对比为核心,发展阶段主要以动态的整体交际过程为核心,深化阶段则以贯穿整体交际过程的某一具体层面或视点为核心,三个阶段之间相互承接、转化,并无硬性分界。总体上来看,跨文化交际理论研究成果丰硕,但也存在着不足之处:首先,缺乏高度认同的理论学派。各代表性理论多围绕自己的中心论题,以各自的视角、概念、命题、逻辑关系搭建自身的模型体系,相互间缺乏连贯的研究传统或源流关系,未能在学界建立起高度的学术认同。其次,缺乏本土性研究。跨文化交际学肇始并发展于美国,大多数理论由欧美学者创立。直至今日,跨文化交际理论基本上仍建立在欧美视角的问题、概念、假设与逻辑之上。我们认为,理论间的整合和连贯性研究以及理论建构的本土化将是跨文化交际理论发展的两大趋势。

关键词　跨文化交际理论　阶段性　关联性　本土化

一　引言

跨文化交际研究兴起于美国,各种跨文化交际理论多由美国学者创立。欧洲的相关研究起步晚于美国,但凭借其深厚的哲学思想和基础理论而亦有建树。跨文化交际理论研究历经半个多世纪的发展,各家理论层出不穷,数量众多,在时间上有重叠交叉,在研究核心上又多有变更,很难厘清其发展面貌。但任何学科理论的发展、深入和演化都与

---

* 本研究为教育部人文社会科学研究青年基金项目"文化人类学视域下的新疆图瓦人语言使用及语言教育研究"(15YJC740058)的阶段性成果。

其时代背景、学科发展以及其支撑学科的发展息息相关。本文拟以研究的核心论题为主线,结合时间发展的轨迹,对经典的、有代表性的跨文化交际理论进行梳理、评述。据其核心论题,大致可将跨文化交际理论分为三大类:以跨文化差异对比为核心论题、以整体性的交际过程为核心论题、以某一具体层面为核心论题。以下择其具代表性者进行评述,探讨半个多世纪以来跨文化交际理论研究的发展与得失。

二 以跨文化差异对比为核心论题的理论

早期的跨文化交际理论研究主要是不同文化间的差异对比研究,其中,最具代表性的是 Hall 的文化行为构成和高、低语境文化理论。其后较经典的、影响力可与 Hall 相媲美的则是 Kluckhohn & Strodtbeck 的文化价值取向理论和 Hofstede 的文化维度理论。

2.1 Hall 的文化行为构成理论和高、低语境文化理论

Hall 是美国著名的人类文化学者,代表作有《无声的语言》(*The Silent Language*)(1959)、《隐藏的维度》(*The Hidden Dimension*)(1966)和《超越文化》(*Beyond Culture*)(1976)。他在《无声的语言》里首次提出跨文化交际概念,被学界公认为跨文化交际学的创始人,此书亦被视为跨文化交际理论研究范式期的开端。

Hall 在《无声的语言》和《隐藏的维度》中对身势、时间、空间等非言语交际行为与文化的关系进行了探讨,他认为不同文化背景的人在使用时间、空间、身势表达意义时有明显的差异。他的这一研究持续多年,形成了系统的文化行为构成理论,之后(Hall 1984、1994)还着重探讨了时间多元观与线性观的文化行为差异:在认为时间多元的文化中,允许同时完成多项事务,相较于事务本身,交际者更注重与他人的关系;而在认为时间线性、单一的文化中,某一时间内只做一件事,人们更注重在这一时间内如何完成任务。这种透过行为差异探讨文化差异的方式为跨文化交际研究开启了一个可能的、具象的视角,使文化差异对比具备了可操作性,从而引发了之后大量的非言语交际的理论或应用研究。

《超越文化》则系统讨论了语境与文化的关联性,Hall 将文化视作一个相对的由高语境到低语境的连续统,认为各国文化都处在两端之间的某个位置上。高、低语境文化理论依据表达意义的方式、对待群体内部成员与外部成员的态度以及时间向度来考察不同的文化,认为高语境文化更多地依赖语境、较少依赖语言代码来负载信息量,常用委婉、间接的方式表达意义,很多信息隐含在交际者的身体语言、已经内化的知识规范或社会文化背景中,而低语境文化则倾向于用明确的语言编码直接表达意义;高语境文化强调内外之别,注重群体的和谐;低语境文化强调个人,注重获取语言信息;高语境文化的时

间向度是多元的、面向过去的,低语境文化则是线性的、面向未来的。Mclaren(1998)认为从总体上看,西方文化基本上属于低语境文化,东方文化属于高语境文化,东西文化差异和高低语境文化差异呈现出大致相对应的关系。戴晓东(2011,87-92)也认为 Hall 的高、低语境文化大致对应东西文化分野,以极为简洁的分析框架解释了两种文化运作的本质差异。如果说文化行为研究是非言语的,那么显然,Hall 对语境的文化分析,则将不同文化的言语表达纳入了研究范围,是其文化对比研究的拓展和深入,在跨文化交际和二语教学领域影响甚广。

Hall 开创跨文化交际研究有其独特的时代背景。20 世纪 50 年代,第二次世界大战后的美国成为世界超级大国,在世界范围内大量派出驻外人员。随之而来的,就是外派人员与当地居民间的交际障碍、文化冲突。Hall 受聘为外派人员文化培训主导者,培训目标即为缓解其间的文化障碍问题。针对这一文化培训的实用性,他率先将人类学中的文化与应用性的交际相结合,真正开始了跨文化交际研究,并提出了文化行为构成和高、低语境文化理论。这些理论都源于对不同文化的具体现象的对比分析,以文化差异诠释交际障碍,并指向跨越交际障碍。可以说,Hall 的研究不仅具有开创性、奠基性的理论意义,也具备强大的实践指导意义。首先,他将人类文化学与交际相结合,为之后的跨文化交际理论研究奠定了研究思路和方向。其次,他将传统的单一文化研究扩展成为不同文化的对比研究,并且创造性地聚焦到语声、时间、空间等具体领域的对比,找到了便于进行对比操作的、实际的研究落脚点。同时,其理论研究建立在文化相对主义基石上,认为不同文化各有所长、各有其短,从而挑战了传统的文化普世观,在第二次世界大战后因文化差异而造成各类交际障碍的美国具有相当积极的实践意义。

某种意义上,时代背景使跨文化差异对比不可避免地成为了跨文化交际理论的第一个根本核心论题。而 Hall 的研究是毫无争议的奠基之作,是后来的研究产生和发展的坚实根基。

2.2 Kluckhohn 和 Strodtbeck 的文化价值取向理论

Kluckhohn(1951)也是从人类行为出发,但主要探讨价值判断和价值取向问题,后与同为人类学家的 Strodtbeck(1961)一起建立了较成熟的文化价值取向理论,认为价值取向是复杂但确定的模式,与解决普遍的人类问题相联系,对人类行为和思想起着指导作用。他们提出了 5 个普遍性问题:人性、人与自然关系、时间、行为、人际关系,研究不同的文化在面对这 5 个共同问题时不一样的认识或选择倾向。其研究结果认为不同文化在人性问题上主要有"善"还是"恶",或是善恶的混合体以及是否可变等不同认识;在人与自然之间关系的问题上,则有征服自然或与之和谐相处或顺从自然的不同倾向;时间观上,有朝向过去、强调传统和历史,还是朝向现在、注重短期和眼前或是朝向未来、注重长期和变化之分；行为方面，主要表现为强调"做（doing）"的具体动态还是"存在（being）"的静态传承或是"成为（being-in-becoming）"的完善过程；人际关系问题上，则主要区分为是强调个体还是强调群体抑或等级。

价值取向是最核心、最深层的文化，对任何文化研究来说都不可或缺。在跨文化交际研究中，Kluckhohn 是最早系统地考察文化价值取向的学者。其研究是对不同文化在面临人类共同性问题时，会采用怎样不同的解决方法，及这些方法背后是怎样的价值取向的追问，对于探求不同文化的本质有十分重要的意义。而其基于人类普遍性问题所构建的文化价值取向经典理论，一方面是对前人研究的突破，另一方面对后人的研究产生了深远影响。其后学者发展出的模式几乎都以此为基础（陈国明 2009），如 Hofstede 的文化维度理论。

2.3 Hofstede 的文化维度理论

Hofstede（1980,1983,1984）逐步选定了个体主义-集体主义、权势距离、不确定性规避、男性气质-女性气质 4 个文化维度，之后于 1991 年又增补了长期定位-短期定位，共计 5 个维度，辅以地理维度、社会经济（人均 GDP）、人口密度 3 个变量，构成了其文化维度理论的基本框架。个体主义-集体主义维度，关乎文化成员对自己与集体间关系的理解，个体主义文化成员强调独立、自治，注重个人隐私及自我价值的实现；集体主义文化成员强调与集体紧密相连，注重集体认同和集体利益，较少考虑个人隐私及权利。权势距离表明一个社会对各成员之间不平等的接受程度，有的文化倾向于认可较大的权势距离，重视权威、地位、资历、年龄等；倾向于接受较小权势距离的文化，则更注重个人能力，强调权力的合法性。不确定性规避指人们避免模糊性的倾向，有的文化不能容忍含含糊糊的情况，要求明朗、清晰，常制定一系列的行为规范来避免不确定性，有的文化则安于模糊不明确的状况，不倾向于制定细则。男性气质-女性气质，Hofstede 用男性、女性的社会功能差异来隐喻并衡量各个国家的文化气质，男性文化程度高的国家，性别角色分明，男人是武断、坚强、重物质成就的代表，女人则被认为是温柔、谦和的，且重与他人关系；女性文化气质突出的国家则淡化性别角色差异，男性、女性都被认为应是温和、平等、和睦的。长期-短期定位，长期定位指向未来，重视长远效应，强调社会伦理，提倡和谐与人治，长于综合性思维；短期定位指向过去与现在，重视短期收益，认同法治，善于分析性思维。这一维度的增加，是对原有维度较单一的西方视角的补充，从某种意义上说，是在探讨对东方国家影响深远的儒家文化价值观。

Hofstede 深受 Kluckhohn 文化价值取向研究的影响，选择从各种文化中普遍存在的价值维度出发，对不同文化进行探讨和比较。其研究补充了东方视角，较前人的研究更为全面和深入。此外，他尝试以量化的方式，凭借地理维度、社会经济、人口密度等变量探求文化价值取向差异变化的规律,这是对前人研究的一个重要突破,也是他的一大成功之处。其研究对72个国家的跨国公司做了十几万份的问卷调查,且在每一维度上都将不同文化量化为指数值,进行了实证性研究,并凭借大量、翔实的数据支撑,得出其研究结论,由此得到了认可和赞誉,该研究成为Kluckhohn之后最具国际影响力的文化价值取向研究。当然,也有不足和争议。如,其样本仅局限于跨国公司的职员,带有片面性;而文化范畴是否可以用线性、相互排斥的概念表达并量化,也有学者表示疑问(Hampden-Turner & Trompenaars 1997)。Neuliep(2000)还指出个体主义和集体主义的二分过于笼统,不能帮助人们准确把握不同文化的实际特征。

Hall以文化差异诠释交际障碍,开始了以文化差异对比为核心论题的跨文化交际理论研究。之后,文化价值取向理论和文化维度理论从人类普遍性问题之视角进行研究,其研究和阐释的重心也是文化差异问题。Hofstede认为文化是集体层面的思维程序,并在这一层面上展开对不同文化的探讨和区分。其实,文化行为构成、文化价值取向研究也是在这一层面上展开的,这些理论都不考虑或极少考虑个体层面和具体的交际过程,这正是我们将之归为跨文化差异研究的原因。跨文化差异理论主要的研究方法是对比研究,其主流文化观是温和的文化相对主义,将文化进行对比不是为了分出优劣高下,而恰恰是为了揭示差异、尊重差异。

三 以整体性的交际过程为核心论题的理论

20世纪60—80年代,以跨文化差异研究成果为基础,学者们围绕交际者面对差异如何进行调适做了大量研究,推出了一系列以整体性交际过程的文化适应为中心论题的相关理论。代表性成果有Oberg等学者的跨文化适应周期、Berry的跨文化适应策略论和Kim(金荣渊)的跨文化调整理论。

3.1 跨文化适应周期论

Lysgard(1955)认为跨文化适应是一个U曲线模型,他指出居住在美国6~18个月的旅居者比居住时长低于6个月或高于18个月的旅居者更不适应,并由此将文化适应分为初始期、孤独期和恢复期三个阶段。这一曲线模型后来得到Oberg(1960)、Deutsch & Won(1963)等诸多学者的充实和完善。Oberg首次运用文化休克概念表达海外旅居者面对陌生文化产生的惊恐、烦躁和沮丧、疏远等一系列心理失衡症状,发展了跨文化适应周期理论,认为跨文化交际者大体经历蜜月期、危机期、恢复期和完全适应期四个阶段。旅居者在经历最初的"蜜月期"之后,会面临位于U形底部的文化休克的影响,只有在克服文化休克之后才能逐渐适应居住国文化而重新回到U形的顶端,达到一种完全适应状态。还有学者探讨文化再适应的过程,Gullahorn & Gullahorn(1963)将 U 曲线拓展为 W 曲线,描写旅居者返回故土后重新适应原有文化的过程。Lewis & Junaman(1986)进而发展出跨文化适应六阶段论,认为跨文化交际者在适应异国文化和重新适应本土文化过程中,历经预备期、旁观期、参与期、休克期、调整期和返乡期 6 个阶段。

跨文化适应周期理论研究的成果颇多,对跨文化交际者的自我调适具一定的指导意义。但是,也有不少学者提出不同意见:Church(1982)评论 U 曲线的论据不充分、无说服力且过度概括;Ward & Kennedy(1994)和 Ward et al. (1998)开展社会文化适应和心理适应纵向视角研究对 U 曲线进行检验,发现跨文化适应图景与 U 曲线不符,认为最初阶段生活变化最大,适应资源最少,适应水平最差,不存在所谓早期蜜月期。Kim & Gudykunst(1988)则认为适应周期理论来自经验的归纳,主要是对现象的描述,缺乏系统性。事实上,跨文化适应过程是一个复杂的、多层面的、各种因素相互作用的过程,跨文化适应周期理论主要以交际者的心理、情感因素为衡量依据,对适应过程进行了一种单向的、线性的描写,在取得研究进展的同时,确实存在简单化和过度概括的倾向。

3.2 跨文化适应策略论

Berry(1980,1990,2006)自 20 世纪 70 年代后开始建构适应理论模型,其后不断改进和优化,直至 21 世纪初仍继续发表相关论著。其理论框架得到学术界的高度赞赏,他本人也因此成为文化适应研究的领军人物(Ward 2008)。

Berry 的理论建立在一个基本假设之上:人们在进入新的文化时都要进行自我调整,其自我调整可能会选择不同的策略,且在改变自我的同时改变他人。这就意味着,Berry 是以双向互动的视角来看待跨文化适应过程的。他认为,文化适应是双向的文化过程以及在跨文化接触后发生的变化,该变化包括群体层面和个人层面:群体层面的变化表现在社会结构和制度中;个人层面的变化表现在个人态度和行为上。当移民者面对文化差异所带来的压力时,要做出两个维度的考量:一是维持自己的文化传统和文化身份;二是参与、融入移居社会。他们由此可能会采取四种不同的策略:整合——既保持原有文化,又融入新的社会;同化——不再保留原有文化,融入新的社会;分离——保留原有文化,不融入新的社会;边缘化——对保持原有文化和融入新的社会都不重视。但这是当弱势群体有选择策略的自由时的理想化分析,事实上,还要考虑主流社会的权力因素:若主流社会实行熔炉模式,非主流群体往往采取同化策略;若主流社会实行种族隔离,非主流群体只能选择分离;主流社会实行排外政策时,非主流群体易边缘化;若主流社会推行多元文化主义,则促使非主流群体选择整合策略。总体上看,采取整合策略者调整得最好,面临的压力最小,整合策略的优越性已经在学界达成较高的共识。

Berry 的理论从一个带有普遍性的假设出发，系统地解析了文化适应的概念、过程、策略与后果，引发了大量相关的实证研究以及理论探索。该理论的主要贡献在于它超越了同化论单向、线性的文化适应模式，从宏观层面上为我们揭示了文化适应过程的复杂性与多维性(戴晓东 2009)。

3.3 跨文化调整理论

Kim(1979)着手互动性跨文化调整研究,1988 年和 Ruben 一起构建了跨文化调整理论体系,2001 年又推出《成为跨文化的:交际与跨文化调整的综合理论》，对原有理论进行了修正和补充。

跨文化调整理论的内核是文化差异问题以及压力——调整——成长,其基本假设是:人是一个综合、动态、开放的交际系统,不断与其所处社会文化环境交换信息并相互影响。人需要保持内在平衡,一旦失衡便承受压力。文化差异造成不同程度的压力,促使交际者进行自我调整,在经过一系列内在转化、更新之后,交际者在认知、情感和行为上的能力都逐步提高,最终成为跨文化人。Kim(1988)强调跨文化调整的动态性,交际个体在这一过程中对新的文化环境重新定位,逐步与环境建立起相对稳定、互利和功能健全的关系。Kim(2001)深入探讨了影响这一动态过程的 6 个因素：个人交际、社会交际、族群社会交际、当地社会环境、交际者个人倾向和跨文化转化。个人交际是个人内在的思维过程,只有交际者内在的交际系统与当地社会交际系统和谐时才能达到有效沟通；社会交际是两个或更多的个体的交流,分为人际交流和大众交际；族群社会交际意指陌生人在新的文化环境中与自己原有文化的族群的交往,从短期看,原有文化族群能够为陌生人提供信息、情感、物质帮助,有助其文化调整,长期来看,却可能因要求陌生人维系原有文化身份而阻碍其更深入的调整；当地社会环境指东道国的接纳程度和同化压力等,开放、多元的社会能够提供更宽容的环境；交际者个人倾向主要指个体性情和人格,开放、坚韧、乐观的交际者更能从容面对挑战；跨文化转化发生在跨文化调整的高级阶段,主要表现为健全的交际功能、健康的心理以及跨文化认同,此时的交际者会以人类一员的视角,以非二分的、共生共赢的观念来体验人性,解读文化差异,超越族群中心主义,促进"第三种文化"的形成和生长。以上 6 个因素都伴随并影响着跨文化调整进程,彼此之间又同时存在互动关系,与理论内核、基本假设共同构成了跨文化调整理论的完整体系。

跨文化调整理论与跨文化适应理论在个体、群体、适应、调整等层面有相通之处,但跨文化调整理论更为立体与全面,Kim 以开放系统、动态调整为基线,融合了诸多前人研究的成果,全面分析了跨文化调整的主要阶段和关键因素,从长期与短期、宏观与微观等多重角度阐释了陌生人在新文化环境中的成长、转化过程。其最大的创新在于"第三种文化"的提出,跨文化调整过程的终点从目的文化转向全新的、不属于任何交际方原文化的"第三种文化",这一概念深受学界认可,后被视为跨文化交际能力培养的最高目标。事实上,从跨文化适应周期到跨文化适应策略再到跨文化调整研究,学者们演绎了一条从单向、线性研究转向双向交互直至立体综合研究的发展道路。其研究方法也呈现出多样化、综合化的趋势,其中实证主义的量化研究方法逐渐成为主流;跨文化适应周期论经由自下而上的归纳而来;Berry 的文化适应策略论是由自上而下的普遍性假设,引发了大量实证研究;Kim 的跨文化调整理论却将两者相结合,由事实归纳加上普遍性假设,最终又落脚于大量的实证研究。在文化观上,上述研究也显现出由文化相对主义走向文化建构主义的转向。总体而言,这一时期的理论研究以跨文化差异研究成果为出发点,以整体过程研究为中心,在自我成熟的同时,显现出逐步过渡、转变的趋势和承上启下的功能。

四 以某一具体层面为核心论题的理论

20 世纪 80 年代后,跨文化交际理论的核心论题进一步拓展和深化:在以整体过程为中心论题的差异与调整理论之外,身份、意义、能力等聚焦交际过程中某一层面或某一视点的论题逐步成为新的理论研究中心。

4.1 有关身份的理论

与身份问题有关的代表性理论主要包括:Collier & Thomas 的文化身份理论、Ting-Toomey(丁允珠)的面子协商理论[①]和身份协商理论、Cupach & Imahori(今堀)的身份管理理论等。

Collier & Thomas(1988)提出文化身份理论,将文化界定为"由历史传播的符号、意义和规范系统",而文化身份/认同就是"对具有共享符号、意义以及行为规范群体的确认和认识上的接受"。同时,该理论也强调文化身份是在交际中形成和不断重新构建的:身份的界定和文化认同不是先验的存在,是在交际中形成和变化的,身份、认同随语境变化而变化,交际者的认同在意义系统中通过商谈而确立,并认为跨文化交际能力正是"在商谈相互接受的意义、规则以及获得积极的结果的过程中显示出的能力"。文化身份理论注重研究文化传统及人类互动转变为话语文本的过程,认为话语[②]是判断文化认同和身份归属的关键因素,从解释学角度研究文化身份、话语符号系统以及身份认同与交际之间的相互影响。作为一种思辨性的、解释性的理论,在经验归纳性理论占主流的情况下,文化身份理论可谓独辟蹊径,开启了对跨文化交际身份的探讨之门。

Ting-Toomey(1985,1988)初步提出面子协商理论,借鉴 Brown & Levinson(1967)

礼貌原则中的积极面子、消极面子等概念,以 Hall 的高低语境文化、Hofstede 的个体主义-集体主义文化维度为基础变量,分析了跨文化交际中交际双方对面子的不同认知与偏好以及维护面子时采取的不同策略。1998 年,添加权力距离变量,并讨论了面子协商能力问题,2005 年再次修改完善。面子和面子行为是一个普遍现象,但不同的文化对面子的认知和理解不同,维护面子时采用的行为模式和策略也不同。面对跨文化冲突,集体主义文化更倾向于迁就他人面子或同时关注交际双方的面子,多采用回避、通融、妥协或第三方帮助的策略;个体主义文化则更注重保护自我的面子,倾向于以自我为中心,多采取直接面对冲突、竞争,较少顾虑他人的面子策略,对妥协与回避等行为常做负面解读。权力距离较大的文化遵循有等级差的面子行为规则,权力距离较小的文化则更重视平等的面子行为。该理论从文化、个体以及关系情境三个层面系统地论述了跨文化冲突中交际者的面子行为,为研究跨文化冲突中的行为、深层原因及相应后果提供了一个独特的视角。但可惜的是,其以集体主义和个体主义为主要文化维度来探讨面子认知与行为,却恰恰未能对集体主义与个体主义文化的内部差异及其影响做更深入的阐述。

Ting-Toomey 的"身份"概念与其"面子"概念是相对的,后者是交际者在交际过程中展现的外在的自我形象,前者却是内在的自我界定。Ting-Toomey(1993,1998)将身份诠释为"反思性的自我概念或自我形象",认为身份是家庭教育、性别认同和族群归属等社会化进程的产物。显然,这一界定在本质上与文化身份理论的"身份"界定是一致的。其发展主要在于身份协商理论框架的建构,这一理论的基本假设是:任何人都需要确认身份并希望自己的身份在交际中得到正面回应。交际者在跨文化交际中通过协商界定、调整、构建和维护各自的身份与认同。交际中身份的确认与构建是人们本能的需求,身份协商理论的独到之处在于将这一需求解析为五对辩证关系:身份的安全与脆弱、身份的包容与差异、身份的可预测性与不可预测性、身份的关联与独立、身份的一致性与变化。Ting-Toomey(2005)强调文化、族群、个人和语境对身份的构建有重大影响,而提高身份协商能力则是跨越文化界限、成为成功的交际者的主要路径。

身份管理理论由 Cupach & Imahori(1993)首次提出,2005 年补充修改。该理论汲取了面子协商理论的部分成果,在对身份的理解上,也与身份协商理论有共通之处。Gudykunst(2003)指出其与后者同为跨文化交际学中有关身份商谈的两大主要理论。Cupach & Imahori 将身份理解为一个具有经验性的解释框架,身份为个体行为提供预期和动机,任何个体都拥有多种身份,但其文化身份和关系身份是身份管理的中心。与身份协商理论不同的是,身份管理理论在讨论身份互动问题时,更侧重分析交际个体的面子行为,认为维护面子的行为是身份管理的具体行为。身份管理理论的关键变量有四个:身份、面子、面子行为和跨文化交际能力,前三个是自变量,最后一个是因变量。该理论以这四个变量间的相互关系和作用,来概述和分析个体在发展相互关系的过程中如何构建身份,直至实现成功的交际。这一过程主要包括试探、交织、重新协商三个阶段,试探阶段中会经历身份冻结和刻板化、维护自我面子和他人面子之间、维护积极面子与消极面子之间的一系列矛盾;交织阶段则是交际者克服障碍,开展更多协调活动,逐步建立起关系身份的阶段,交织阶段中共有的身份关系并没有充分实现,文化差异也未完全适应,但双方注重共识点;而在重新协商阶段中,随着交际者理解框架渐渐趋同,关系日益密切,他们不仅能积极地认识差异,且能将差异当作有益的东西融入相互认同的价值。要实现这些,依赖贯穿整个过程、逐步提高的跨文化交际能力。当然,身份管理理论承认,这三个阶段并非总是线性发展的,会有重复、循环和逆转。

身份管理理论分析、演示了个体在发展相互关系的过程中协调和重新构建身份、实现成功的交际的过程,呈现了一系列与文化身份管理相关的难题,同时也给出了相应的可操作的对策。

4.2 有关意义的理论

以意义为中心论题的代表主要是 Cronen, Pearce & Pearce 等学者的意义协同处理理论。

Cronen(1988)提出意义协同处理理论,认为意义可分为六个逐级包含的层级:内容、言语行为、情节、关系、自传、文化模式,而交际是人们建构意义最为重要的进程。内容是未经解释的刺激,包括声音、视觉、行为等,是原始数据向意义转换的第一步;言语行为指通过言语进行交际的行为,包括抱怨、侮辱、承诺、断言和质疑等,言语行为传递了说话人的意向;情节是指有明确的开始、发展和结局的交际惯例,构成了言语行为的语境;关系指交际双方达成的规约,包括交际双方的边界、权利、义务等,为交际态度和行为提供参考;自传也称生活脚本,指交际者对一系列过去历经的、现在的情节的个人化的理解;文化模式是指特定社会的文化及其对前述各层级意义理解的影响,处于意义层级的最高层。不难发现,意义协同处理理论力图尽可能全面地考量在动态交际过程中影响意义建构的所有因素,并对它们进行层级划分,以确立全面、立体的体系。此外,意义协同处理理论强调保存多样性的重要性,认为跨文化交际研究的最大贡献并不在于确立人类文化潜在的统一性,而在于开启创造性差异的可能,创造性的文化实践得益于多样性的维系与发展,一方面要让尽可能多的人加入到对话中来,另一方面鼓励人们运用赞赏和包容的话语表达意义,欢迎不同的见解,不畏惧交际中的障碍和挫折。

Pearce & Pearce(2000)推出了扩展的理论模式,更系统地诠释跨文化交际中意义产生的过程和结果。在他们看来,交际是人们在纷繁复杂的语境中,以开放的心态,探索互动模式、理解双方的意义、建立特定关系的进程,而协同的意义就在于把不同的见解和反对的意见转变为推动交际走向深入的动力。Pearce(2001)为验证该理论做了相应的实证研究,促使该理论从解释、批判走向了应用。意义协同处理理论对文化模式的理解其实如同身份管理理论对身份的理解,都可视为"一个具有经验性的解释框架",但该理论将意义剖析为六个层级,并将意义的产生、协同、构建等融于跨文化交际进程中,体系简洁却又足够深入,虽然没有具体地阐明交际规则,却为我们整体审视跨文化交际过程以及加强理解与协同提供了一个独特新颖的视角。

4.3 有关能力的理论

Hymes(1966)最先提出交际能力的概念,之后研究者甚众,较为突出的有 Canale & M. Swain(1980)等,他们的研究令交际能力框架日益全面,逐步从语言能力、交际策略扩展到社会文化能力,形成并提出了重要的"有效性"与"得体性"评判标准。跨文化交际能力研究是交际能力研究的延伸,陈国明(2009)认为交际能力与跨文化交际能力之间大同小异,唯一的区别在于,跨文化交际能力强调情境脉络,除了重视人与人之间互动的有效性与得体性,也很注重人与交际环境之间的互动及交际双方的文化认同。作为跨文化交际研究必然的论题,跨文化交际能力在很多相关的跨文化交际理论中都有所体现,得到诸多讨论和分析,这些理论包括前文所言及的跨文化调整理论及身份理论等,但专门的跨文化交际能力研究主要有 Ruben,Spitzberg,Byram 以及 Chen & Starosta 等的构成要素及理论模型研究。

Ruben(1976,1979,1988)的研究基于行为主义,他将跨文化交际能力分析为 7 个行为维度:显示尊重,即对他人价值的尊重;互动态度,以描述性而非评价性的态度回应对方;对知识的取向,不将自身的知识看作其他人应了解或遵循的知识;移情,设身处地从对方的角度考虑问题;自我角色行为,依据特定的交际情境设定相关角色;互动管理,调控与交际对象的互动;对模糊的容忍,预期和适应一定的模糊情境。以该理论模型为基础的相关能力测试和培训工作,常用于帮助政府、企业和教育机构选拔和培养海外工作人员,对实践有很强的指导意义。

Spitzberg et al.(1984,1991)简洁地将跨文化交际能力构成要素整合为三大块:知识、动机、技能,并强调三者间相互影响、相互依存,任何一个要素都不能单独构成跨文化交际能力。其中,知识属于认知层面,指交际者应了解对方文化的语境、交际行为规则等;动机,属于情感层面,指交际者在预期和进行跨文化交际活动时的情感联想和情感体验;技能,属行为层面,指在跨文化交际中表现出来的得体、有效的交际行为。这种三分法简要地概括了跨文化交际能力的关键层面,为人们理解跨文化交际能力提供了一个基本的概念框架,得到 Gudykunst & Kim(2003)等众多学者的认同,成为经典的理论模型。其后,Kim et al.(1988)的认知能力、情感能力和行为能力都可视为其延伸,包括贾玉新

(1997)的基本交际能力、情感与关系能力、情节能力和策略能力,在本质上也并未突破其基本框架。知识、态度(动机)和技能一直是诸多跨文化交际能力模型中的核心要素(黄文红 2013)。

Byram(1997)要求学习者获得跨文化交际方面的知识、技巧、态度和客观评判的文化意识,在他看来,交际语言能力与其他五大维度共同构成了跨文化交际能力体系。五大维度指的是:态度,好奇心和开放的心态以及不急于对自我和他者文化做出评判等;知识,对自身及交际对象文化及行为方式等的了解;阐释/关联技巧,将自身文化中相关事件与不同文化中事件进行关联性阐释;发现/互动技巧,获得某特定文化知识并在交际中综合运用;批判性文化意识,对自身文化以及其他文化形成客观评判。Byram 在外语教学的情境下构建了跨文化交际能力的理论模型,突出了培养交际语言能力的重要性,对外语教学实践起到了重要的指导作用。Byram(2008)认为外语教学的目标应当从语言教育走向培养跨文化的世界公民教育。此外,他还将培养学习者的批判性文化意识置于该体系的中心位置,主张以普世性价值观对文化和交际进行评判。然而,何谓普世性价值观是一个见仁见智的问题,需更多相关研究,这一中心的模糊性是显而易见的。

Chen & Starosta(1996,1998)整合当时的研究成果,力图提出一个全面的、综合性的理论模型。他们延续 Spitzberg 等学者的思路,从情感、认知和行为角度来分析跨文化能力,但不同的是,他们强调情感、认知和行为能力形成的过程性:情感过程是指跨文化交际的敏觉力,即特定的情形中交际者的个人情绪和情感的变化;认知过程是指跨文化意识,强调交际者通过对自身文化与对方文化的理解而转变个人观感的过程;行为过程是跨文化交际的灵巧性,指交际者实施交际行为,完成交际目标的技能,强调进行有效、得体交际的过程。三个能力过程相互作用,构成整体模型,每个层面在该理论体系中都有相关的因素、阶段、发展方式及评估分析。该理论模型最重要的贡献就在于其对过程的关注以及细致、深入和全面的剖析,因为跨文化交际能力的研究成果中真正深入而全面的理论并不多见。Chen & Starosta(2000,2005)期望对全球化进程中的跨文化交际能力做更有针对性的诠释、分析,在原有理论基础上进一步提出全球交往能力模型:全球心态、绘制文化地图、开放自我和加入互动,突出了更开阔的视野和更开放、多元的态度。

显然,在注重动态的交际过程方面,有关身份、意义、能力的研究与以整体性交际过程为核心论题的理论研究是一脉相承的,但除此之外,学者们更加深入和细致地研究某一贯穿动态过程的具体层面,开拓了新的思路,发掘了身份、意义、能力等新的重要抓手。这些理论大部分更重视人际间的交流,并在研究中更突出交际者的个人特性。这期间的研究方法更为多样而综合,多数研究者倾向于采用演绎与归纳、解释与实证相结合的方法,其所吸纳的支撑理论也更为丰富,人类学、传播学、社会学、语言学、心理学等不一而足。而此间的主流文化观则显然是文化建构主义,即便是从身份、意义、能力等某一视点切入,研究者都将跨文化交际视为动态、开放、不断更新的过程,并认为身份、意义、能力正是在这一过程中逐步实现其构建的。

五 余论

5.1 时序框架

上文主要依据研究的核心论题对主要的跨文化交际理论进行了分类综述,但其实不难发现,其间隐藏了一定的时间发展轨迹。不同理论的研究都有其时代背景,其产生和发展也都呈现出时间上的关联。沿循时间的脉络,可将不同核心论题的跨文化交际理论研究大致视为3个阶段:起始阶段以跨文化的差异和对比为核心;发展阶段以动态的整体交际过程为核心;深化阶段则以贯穿整体交际过程的某一具体层面或视点为核心。3个阶段之间并无硬性的分界:一是因为每个阶段的核心理论都有其起始、发展成熟的过程,且其成果往往转化为后一阶段论题研究的组成部分或背景,阶段之间有承接和转化的关联;二是因为很多前期经典的理论,其创立者往往在后期又进行修正和完善,在很长的时间内都有延伸。因此,我们只能说跨文化交际理论的发展和演化在较粗放的历史时序内显现出一定的阶段性和转化关联性,其时序框架可示如图1:

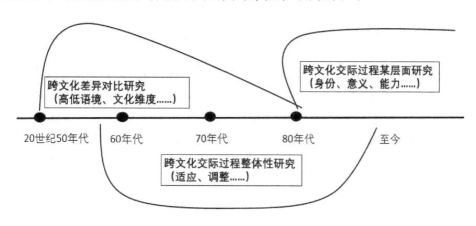

图1 跨文化交际理论发展的时序框架

5.2 研究趋势

半个多世纪以来的跨文化交际理论研究,从其核心论题、研究方法、认识论基础、吸收其他学科成果等各方面来看,都可以说发展迅速、成果丰硕,但同时也存在不足之处,主要表现在缺乏高度认同的理论学派和本土性研究两个方面。首先,其理论研究虽然成果众多,但大多围绕自己的中心论题,以各自的视角、概念、命题、逻辑关系搭建自身的模型体系,理论间缺少连贯研究传统或源流关系,未能在学界建立起高度的学术认同。各理论间基本上处于相对孤立的状态,尚未形成严格意义上的学术流派。因此,理论间的整合和连贯性研究或更具解释力的研究是今后跨文化交际理论发展的一大趋势。近几年来,跨文化交际领域对关联理论的应用和探讨可视为这一趋势的具体体现,Agnieszka Piskorska(2017)认为关联理论更具普遍性和解释力。其次,跨文化交际学肇始并发展于美国,大多数理论由欧美学者创立。直至今日,跨文化交际理论仍然建立在欧美人的问题、概念、假设与逻辑之上。部分学者意识到欧美中心对其他文化经验框架以及价值观念的忽视,而倡导建构本土的跨文化交际理论。Asante(1998,2007)倡导以非洲人的心理、身份、文化与语言对交际原理进行阐释。Chen(2006)、Chen & Starosta(2003)、Miike(2002,2006,2010)也先后提出建构亚洲本土跨文化交际理论,倡导运用亚洲的价值观、历史经验、信息与伦理建构理论。也有学者在努力创立具有中国文化特点的理论:Chen(2001)提出中国人际交往中推崇的"和谐"概念;胡超(2005)也以中国传统文化的"天人合一"思想为其跨文化交际结构的内核。不同中心的跨文化交际理论的构建对于反思欧美中心的忽略与偏见、完善跨文化交际理论必将起到积极作用。正如戴晓东(2011)所言,非洲中心观与亚洲中心观的提出"为学科范式的多元化开辟了门径"。跨文化交际理论已经开始从欧洲中心向多中心演进,理论建构的本土化是跨文化交际理论发展的另一必然趋势。

注 释

① "面子"与"身份"的关系在跨文化交际理论研究中是十分密切的,特定文化中面子的认知及面子行为恰是身份的确立与身份管理的核心要素,因此,Gudykunst(2005)、戴晓东(2011)等都将"面子协商理论"归入身份认同类理论,本文也认可这一归类。
② 话语符号系统包括规范层面和意义层面,规范层面的文化体现在行为模式和社会规则之中,意义层面的文化体现在隐喻、故事、神话以及各种社会符号系统中。

参考文献

陈国明(2009)《跨文化交际学》,华东师范大学出版社。
戴晓东(2009)建构跨文化认同的路径:双向拓展模型,载《跨文化交际研究·第一辑》(贾玉新、Guo-Ming Chen 主编),154—165页,高等教育出版社。
戴晓东(2011)《跨文化交际理论》,上海外语教育出版社。
戴晓东(2011)跨文化交际理论从欧洲中心向多中心演进探析,《学术研究》第3期,137—146页。
胡文仲(2006)趋势与特点:跨文化交际研究评述,《中国外语》第3期,4—5页。
黄文红(2013)跨文化交际能力理论模型:中国与西方的对比,《西安外国语大学学报》第12期,37—

40页。

胡　超(2005)《跨文化交际：E-时代的范式与能力构建》，中国社会科学出版社。

贾玉新(1997)《跨文化交际学》，上海外语教育出版社。

Agnieszka, P. (2017) Editorial: Relevance Theory and Intercultural Communication Problems, *Research in Language*, 15(1), 1—9.

Asante, M. K. (1998) *The Afrocentric Idea*, Philodelphia: Temple University Press.

Asante, M. K. (2007) Communicating Africa: Enabling centricity for intercultural engagement, *China Media Research*, 3, 70—75.

Berry, J. W. (1980) Acculturation as varieties of adaptation. In A. Padilla (ed.), *Acculturation: Theory, models and some new findings*, Boulder, CO: Westview Press.

Berry, J. W. (1990) The psychology of acculturation, In J. Berman (ed.), *Cross-cultural perspectives: Nebraska symposium on motivation*, 201—234, Lincoln: University of Nebraska Press.

Berry, J. W. (2006) Acculturation: Living successfully in two cultures, *International Journal of Intercultural Relations*, 29, 696—712.

Brown, P. & Levinson, S. C. (1967) *Politeness: Some Universals in Language Usage*, Cambridge: Cambridge University Press.

Byram, M. (1997) Teaching and assessing intercultural communicative competence, Clevedon: Multilingual Matters.

Byram, M. (2008) *From foreign language education to education for intercultural citizenship*, Clevedon: Multilingual Matters.

Canale, M. & Swain, M. (1980) Theoretical bases of communicative approaches to second language teaching and testing, *Applied Linguistics*, 1, 1—47.

Chen, G. M. & Starosta, W. J. (1996) Intercultural communication competence: A systhesis, *Communication Yearbook*, 19, 353—384.

Chen, G. M. & Starosta, W. J. (1998) A Review of the concept of intercultural awareness, *Human Communication*, 2, 27—54.

Chen, G. M. & Starosta, W. J. (2000) Communication and global society: An introduction, InG. M. Chen and W. J. Starosta (eds.), *Communication and global society*, 1—16, New York: Peter Lang.

Chen, G. M. (2001) Towards trancultural understanding: A harmony theory of Chinese communication, In V. H. Milhouse, M. K. Astante, and P. O. Nwosu (eds.), *Transculture: Interdisciplinary perspectives on cross-cultural relations*, 55—70, Thousand Oaks, CA: Sage.

Chen, G. M. & Starosta, W. J. (2005) A model of global communication competence, *China Media Research*, 1, 3—11.

Chen, G. M. (2006) Asian communication studies: What and where to now, *The Review of*

Communication, 6, 295—311.

Church, A. T. (1982) Sojourner adjustment, *Psychological Bullet in*, 3, pp. 540—572.

Collier, M. J. & Thomas, M. (1988) Cultural identity: An interpretive perspective, In Y. Y. Kim & W. B. Gudykunst (eds.), *Theories in intercultural communication*, 99—120, Newbury Park: Sage.

Cronen, V. E. (1988) Coordinated management of meaning: A critical theory, in Y. Y. Kim & W. B. Gudykunst (eds.), *Theories in Intercultural Communication*, Newbury Park: Sage Publications, 67—68.

Cupach, W. R. & Imahori, T. T. (1993) Identity management theory: Communication competence in intercultural episodes and relationships, In R. L. Wiseman & J. Koester (eds.), *Intercultural Communication Competence*, 112—131, Newbury Park: Sage.

Cupach, W. R. & Imahori, T. T. (2005) Identity management theory: Facework in intercultural relationships, In W. B. Gudykunst (ed.), *Theorizing about intercultural communication*, Thousand Oaks: Sage.

Deutsh, S. E. & Won, G. Y. M. (1963) Some factors in the adjustment of foreign nationals in the United States, *Journal of Social Issues*, 19, 115—122.

Gudykunst, W. B. (2003) *Cross-cultural and Intercultural Communication*, Thousand Oaks: Sage Publications.

Gudykunst, W. B. & Kim, Y. Y. (2003) *Communicating with Strangers: An Approach to Intercultural Communication* (fourth edition), New York: The McGraw—Hill Companies, 2003.

Gullahorn, J. T. & Gullahorn, J. E. (1963) An extension of the U-curve Hypothesis, *Journal of Social Issues*, 19, 33—47.

Hall, E. T. (1959) *The Silent Language*, Garden City, NY: Doubleday.

Hall, E. T. (1966) *The Hidden Dimension*, Garden City, NY: Doubleday.

Hall, E. T. (1976) *Beyond Culture*, Garden City, NY: Doubleday.

Hall, E. T. (1984) *The Dance of Life: The Other Dimension of Time*, Garden City, NY: Doubleday.

Hall, E. T. (1994) Monochronic and Polychronic Time, In L. A. Samovar & R. E. Porter (eds.), *Intercultural Communication: A Reader*, 264—271.

Hampden-Turner, C. & Trompenaars, F. (1997) Response to Geert Hofstede, *International Journal of Intercultural Relations*, 21, 149—159.

Hofstede, G. (1980) *Culture's Consequence: International Differences in Work Related Values*, Newbury Park, CA: Sage.

Hofstede, G. (1983) National Cultures in Four Dimensions, *International Studies of Management and Organization*, 13, 46—74.

Hofstede, G. (1991) *Cultures and Organizations: Software of the Mind*, Maidenhead: McGraw-Hill.

Hymes, D. H. (1966) Two types of linguistic relatives, In W. Bright (ed.), *Scociolinguistics Conference*, 114—158, Hague: Mouton.

Kim, Y. Y. (1979) Toward an interactive theory of communication acculturation. *Communication Yearbook*, 3, 435—453.

Kim, Y. Y. (2001) *Becoming Intercultural: An integrative theory of communication and cross—cultural adaptation*, Thousand Oaks: Sage.

Kluckhohn, F. K. (1951) Values and Value-orientation in the Theory of Action, In T. Parsons & E. Shils(eds.), *Towards a General Theory of Action*, pp. 388—433. Cambridge, MA: Harvard University Press.

Kluckhohn, F. K. & Strodtbeck, F. L. (1961) *Variation In Value Orientations*, Evanston Ill: Row Peterson.

Lewis, T. & Junaman, R. (1986) *On being foreign: Culture shock in Short Fiction*. Yarmouth, ME: Intercultural Press.

Lysgard, S. (1995) Adjustment in Foreign Society: Norwegian Fulbright Grantees Visiting the United States, *International Social Science Bulletin*, 7, 45—51.

Mclaren, M. C. (1998) *Interpreting Cultural Differences: The Challenge of Intercultural Communication*, Dereham: Peter Francis Publishers.

Miike, Y. (2002) Theorizing culture and communication in the Asian context: An assumptive foundation. *Intercultural Communication Studies*, 11, 1—12.

Miike, Y. (2006) Non-western theory in western research? An Asiacentric agenda for Asian communication studies. *The Review of Communication*, 6, 4—31.

Miike, Y. (2010) An anatomy of Eurocentrism in communication scholarship: The role of Asiacentricity in de-westernizing theory and research, *China Media Research*, 6, 1—11.

Neuliep, J. W. (2000) *Intercultural Communication: A Contextual Approach*, Boston: Houghton Mifflin Company.

Oberg, K. (1960) Culture Shock: Adjustment to new cultural environments. *Practical Anthropology*, 7, 177—182.

Pearce, W. B. (2001) *CMM: Reports from users*, Redwood City, CA: Pearce Associates.

Pearce, W. B. & Pearce, K. A. (2000) Extending the theory of the coordinated management of meaning "CMM" through a community dialogue process, *Communication Theory*, 10, 405—423.

Ruben, B. D. (1976) Assessing communication competency for intercultural adaptation. *Group & Organization Studies*, 1, 334—354.

Ruben, B. D. & Kealey, D. J. (1979) Behavioral assessment of communication competency and the prediction of cross-cultural adaptation, *International Journal of Intercultural Relations*, 3, 15—47.

Ruben, B. D. (1988) Human communication and cross-cultural effectiveness, In L. A. Samovar & R. E. Porter (eds.), *Intercultural Communication: A Reader*. 323—347, CA: Wadsworth.

Spitzberg, B. H. & Cupach, W. R. (1984) *Interpersonal communication competence*. Beverly Hills: Sage.

Spitzberg, B. H. (1991) Intercultural communication competence, In L. A. Samovar & R. E. Porter (eds.), *Intercultural Communication: A Reader*, 353—365, Belmont, CA: Wadsworth.

Ting-Toomey, S. (1985) Toward a theory of conflict and culture, In W. B. Gudykunst, L. P. Stewart & S. Ting-Toomey (eds.), *Communication, culture, and organizational processes*, 71—86. Beverly Hills, CA: Sage.

Ting-Toomey, S. (1988) Intercultural conflict style: A face-negotiation theory. In Y. Y. Kim and W. B. Gudykunst (eds.), *Theories in intercultural communication*, 213—235, Newbury Park, CA: Sage.

Ting-Toomey, S. (1993) Communicative resourcefulness: An identity negotiation theory. In R. Wiseman & J. Koester (eds.), *Intercultural communication competence*. Thousand Oaks, CA: Sage.

Ting-Toomey, S. & Kurogi, A. (1998) Facework competence in intercultural conflict: An updated face-negotiation theory, *International Journal of Intercultural Relations*, 22, 187—225.

Ting-Toomey, S. (2005) Identity negotiation theory: Crossing cultural boundaries, In W. B. Gudykunst (ed.), *Theorizing about intercultural communication*, 211—234, Thousand Oaks, CA: Sage.

Ward, C. (2008) Thinking Outside the Berry Boxes: New Perspective on Identity, Acculturation and Intercultural Relations, *International Journal of Intercultural Relations*, 32, 105—114.

Ward, C. & Kennedy, A. (1994) Acculturation strategies, psychological adjustment, and sociocultural competence during cross-cultural transitions. *International Journal of Intercultural Relations*, 18, 329—343.

Ward, C., Okura, Y., Kennedy, A., & Kojima, T. (1998) The U-curve on trial: A longitudinal study of sociocultural and psychological adjustment during cross-cultural transition. *International Journal of Intercultural Relations*, 22, 277—291.

作者简介

裴蓓，浙江工商大学国际教育学院教师，主要从事语言的文化认知、跨文化交际研究。Email:conselfdream@126.com。

ABSTRACTS

HAO, Meiling; SUN, Zhenzhen & CAO, Jingjing: Is the Simple View of Reading Applied to Reading Comprehension among Chinese Second Language Learners?

It is of great significance to understand the nature and core components of reading comprehension for the research and teaching of second language reading development. The framework of the Simple View of Reading (Gough & Tunmer, 1986) summarizes the process of reading comprehension into two main components: decoding and language comprehension, which provides a concise and practical framework for the study of complex reading comprehension. Although this theory has been supported by a large number of experimental evidences from native children and young second language learners, whether its theoretical views are applicable to adult second language learners remains to be further verified. This study investigates the relative contribution of decoding and language comprehension to their reading comprehension among two groups of adult Chinese learners. The results show that for the primary Chinese learners, decoding significantly predict their reading comprehension, while for advanced Chinese learners, language comprehension significantly predict the variation of reading comprehension. The results of this study indicate that the Simple View of Reading theory is suitable for the study of adult Chinese second language learners' reading comprehension. Based on this, we suggest that in the primary stage of reading teaching, it is better to strengthen the training of decoding skills, and at the same time, integrate text understanding strategies into the teaching of listening and reading comprehension.

Key words: the simple view of reading, decoding, language comprehension, Chinese second language reading comprehension

WU, Sina: Study of Adverbial Learning Difficulty Levels for L2 Chinese Learners Based on Multidimensional Model

This paper used paper and pencil test to investigate the learning difficulty levels of four different adverbial items for L2 Chinese learners, including typical adverbs *dou*(都)/*hen*(很), the position of adverbial, the order of several adverbial and *de*(地), the marker of adverbial. The participants involved are the beginning and intermediate L2 Chinese learners from different countries. The result showed as follows. Firstly, these four adverbial items are of different difficulty levels for L2 Chinese learners. The order from the easier to the more difficult are typical adverbs *dou/hen*＜the position of adverbial＜the order of several adverbial＜*de*, the marker of adverbial. Secondly, the learning patterns of L2 Chinese learners from Europe and America, Japan and South Korea and South-East Asia are alike in high degree. Thirdly, learners' personal differences are related to the learning items. The personal differences between learners significantly changed in different learning items. Fourthly, different adverbial items have different develop time and process. Based on the Multidimensional Model the present study analyzed and discussed the result and put forward some related suggestions on the teaching of L2 Chinese.

Key words: Multidimensional Model, adverbial, learning difficulty, beginning and intermediate level, L2 Chinese learners

WANG, Lei: A Study on the Influence of Sentence Segmentation Marking Strategies of Korean Students on Chinese Reading

Strategy of using marks is one of the support strategies in L2 reading, which can help readers to obtain the meaning of reading materials timely and ensure the fluency of reading. Korean students seems to use this strategy wisely, especially a sub-strategy: sentence segmentation marking strategy. It is a strategy of using symbols to separate a long sentence into piece when reading. In this study, we investigate the use of the strategy and its influence on Chinese second language reading through natural corpus statistics and empirical design. The results show that: sentence segmentation strategy is commonly used by Korean students; the use of sentence segmentation strategy can promote Korean students' Chinese reading comprehension; intermediate Korean students use this strategy to achieve a significantly lower sentence segmentation length than high-level Korean students. The results of the study can be well explained under the framework of cognitive load theory, and can also be referred to in teaching Chinese to Korean students.

Key words: sentence segmentation marking strategy, reading, CSL, South Korean students

LU, Xiaojun: Investigating Pausing Phenomena in L2 Chinese Writing

This study investigates pausing behaviours and cognitive activities associated with pauses in Chinese writing. It additionally examines potential changes in pauses across various stages of the writing process (beginning, middle, end). Thirty-two L2 writers of Chinese wrote four essays on a computer, and their keystrokes were logged. Based on the recording of their last writing performance, participants recalled their thoughts about each pause they made. Thirty-two L1 writers of Chinese provided baseline data following the same procedure. The logged pauses were analysed in terms of frequency and duration according to text location. Stimulated recall comments were categorised based on the content of the reported mental actions. The results revealed that L2 writers of Chinese made frequent between-word pauses which were primarily translation-related. They also often stopped to search for the wanted character(s) after typing Pinyin. L2 writers paused longer between larger text units than smaller ones. Pauses at all locations apart from between-revision pauses occurred more frequently in the middle stages of writing. Pauses were less frequent and longer at the beginning and the end. Similar trends were observed in L1 writing, despite differences in terms of pauses between Pinyin and character, and between clauses, as well as the temporal distribution of pause-related planning and translation processes.

Key words: pause, L2 writing, L2 Chinese, temporal dimension, keystroke-logging, stimulated recall

XU, Jingning: Discourse Attributions and Pragmatic Features of *wǒ kàn* in Interactions

Based on the dialogues in films, plays and natural conversations, this study investigates the distribution and pragmatic features of the stance marker *wǒ kàn*（我看）in interactions. It found that *wǒ kàn* was more frequently used by speakers to undertake a topic in interactional contexts where the interlocutors had inconsistent stances. It could be used to initiate a new topic but in very rare cases. From the perspective of speech act theory, *wǒ kàn* is mainly used to start a conclusive assertion and final suggestion with weak force and low manipulation. In natural daily conversations, *wǒ kàn* can also function as a filler, used to guide thinking.

Key words: stance; performative speech act; constative speech act; manipulation; final decision

PAN, Xianjun: The Influence of Discourse Markers on the Communicative Competence of Chinese as a Second Language

Discourse marker is a common pragmatic phenomenon in language, which is widely used in Chinese. Compared with the study of Chinese discourse markers theory, the attention to the function and significance of discourse markers in teaching Chinese as a second language is not enough. Discourse markers are great significance to the cultivation of learners' communicative competence, mainly embodied in textual competence and tactful expression competence, which have an influence on Chinese communicative competence at both input and output levels, especially in tactful expression competence, which has a positive correlation with fluency, appropriateness and idiomaticity of expression, and should be given due attention in teaching.

Key words: Discourse Markers, Communicative Competence, Influence, Action

LI, Yunlong: Text Reliance and Teaching Support: Classification of "Lao Qi Da"《老乞大》and "Piao Tong Shi"《朴通事》in the Sense of Curriculum

Previous studies believe that the classic textbooks "Lao Qi Da"《老乞大》and "Piao Tong Shi"《朴通事》for second language teaching have achieved "a fundamental change from native language textbooks to specialized second language textbooks". This understanding is inaccurate. In fact, before these two textbooks, textbooks for second language teaching were not uncommon, and dictionaries translated from Chinese to other languages could not prove the existence of a Chinese learning stage centered on vocabulary teaching. The two textbooks and their corresponding teaching resources have been inherited and innovated by many institutes. Their great efforts in teaching content, learning support, compiling style and other textbook arrangement have played a fundamental role in showing the characteristics of spoken Chinese at that time, strengthening the communicative function, highlighting cultural understanding, improving the teaching process and constructing learning support.

Key words: "Lao Qi Da"《老乞大》, "Piao Tong Shi"《朴通事》, second language, textbook compilation, curriculum

SONG, Jingyao: National Image Construction in Advanced Spoken Chinese Textbooks

In today's world, national image is an important part of a country's "soft power", but

China's present image in the international stage is still unsatisfactory. Chinese textbooks for foreigners are one of the direct media for the construction of national image. Their features can be analyzed from the perspective of Cultural Discourse Studies. In *Advance Spoken Chinese* (Volume 1 & 2), typical, vivid and abundant core figures and main characters are created, the common communicative context in current Chinese society are selected, various authentic and appropriate linguistic and non-linguistic acts are adopted to construct discourse around current hot topics, and in general, a natural, honest, rational and positive national image construction have been achieved, conveying the culture and national conditions of contemporary China. However, there is still room for improvement in the comprehensiveness of content, and the reality and the times of language. On this basis, we can summarize some principles of the conscious national image construction in TCSOL textbooks, including authenticity / vividness, representativeness / diversity, consistency / development, and plainness/naturalness.

Key words: National Image, TCSOL, Textbooks, Cultural Discourse Studies

PEI, Bei: Assessment of Intercultural Communication Theories

This paper traces the development of core research problems of intercultural communication theories, and divided them roughly into 3 stages. The beginning stage focuses on the cross-culture differences and comparison while the developing stage treats the dynamic whole process of the intercultural communication as the core and the deepening stage concentrates on a specific perspective throughout the communication process. There is a continued transformation between these stages with no rigid boundary. Despite the fruitful results of the intercultural communication theories research over the half a century, it still has some disadvantages. The first one is the lack of coherent research, they failed to establish a highly academic identity. Then the other problem is that the Eurocentric paradigm has long dominated intercultural research. Based on these two disadvantages, this paper argues that the integrate research and theory construction of localization are two trends of the intercultural communication theory.

Key words: intercultural communication theory, stage, relevancy, localization

致　谢

《汉语教学学刊》2020年1—2辑(总第11—12辑)共邀请了50位匿名审稿专家,他们的辛勤付出有力地保证了本刊的学术质量,推动了汉语教学研究的发展。在此谨向他们致以诚挚的谢意和崇高的敬意！他们是(按姓氏音序排列)：

蔡宏文　曹贤文　柴省三　陈前瑞　陈士法　邓　丹　丁安琪　冯丽萍
冯　硕　郭　锐　郝美玲　洪　炜　汲传波　李海燕　李红印　李　丽
李　泉　刘元满　罗　莲　钱旭菁　屈青青　施正宇　王海峰　王汉卫
王佶旻　吴继峰　吴建设　吴勇毅　肖奚强　辛　平　邢红兵　邢　欣
徐晶凝　徐赳赳　徐晓东　闫国利　杨德峰　姚　骏　于　秒　乐　耀
张　辉　张金桥　张美兰　张润晗　张文贤　张亚旭　章　琼　周　韧
周小兵　祝新华

《汉语教学学刊》稿件体例

1. 稿件请用微软简体中文版 WORD 编辑。题目用小二号宋体,作者署名用四号仿宋体,正文用五号宋体,提要、关键词、注释和参考文献用小五号宋体,其中"提要""关键词"本身用小五号黑体,"注释""参考文献"本身用五号黑体。题目、作者名、提要、关键词的英译以及作者电子邮箱地址都用 Times New Roman 字体,题目、作者名的英译用 12 号,其余用 10.5 号。关键词之间用逗号隔开。正文行距为 1.15 倍。页边距为常规格式(上、下 2.54cm,左、右 3.18cm)。

2. 如有通信作者,用首页脚注形式,作者名后加上标 *;包括通信作者的电子邮箱、邮政编码、联系地址;用小五号宋体,英文和汉语拼音均用 Times New Roman 字体,如:通信作者:王 XX wangsxx@sina.com 100871 北京市海淀区颐和园路 5 号 北京大学对外汉语教育学院。

3. 如有课题/项目,用首页脚注形式,文章标题后加上标 *,注明课题的类别、名称及编号。如:* 本研究为国家哲学社会科学基金一般项目"中国大学生跨文化能力综合评价研究"(10BYY091)的阶段性成果;名称用小五号宋体;括号及编号均用 Times New Roman 下的格式。

4. 正文第一级标题用小四号黑体,上下各空一行,标题序号用"一、二、三……"。第二级以下小标题用五号宋体加黑,节次可按如下格式编号:1.1、1.1.1、1.1.2;1.2、1.2.1、1.2.2,余类推。本刊只接受三级以内的小标题。

5. 例句独立列出者,用楷体,行首空两格,回行与首行序号之后的文字对齐;序号加圆括号,如:(1)(2)……;全文例句连续编号。

6. 文中若有图表,请在图表上方或下方用小五号黑体字注明序号及名称,如:图 1 ……;表 1 ……。若有复杂图表,不便在正文中排印者,请附在文末,并注明序号及名称,如:附图 1 ……;附表 1 ……。全文图表连续编号。为保持图表的准确性,请另附 PDF 版。

7. 文中采用国际音标,请加方括号,声调用五度标调法,标于音标右上角,如:好[xau^{214}]。采用汉语拼音,声调则用调号,如:nǐ hǎo。

8. 行文中引用原文者,请加"";引文独立成段者,请用楷体,第一行空四格,第二行以下空两格。

9. 注释采用尾注。注释号码用带圈阿拉伯数字右上标,如:完形①。请勿用自动标注。

10. 注明引文或观点出处,可采以下方式:

若所引之文或观点发表在期刊上,则为:陆俭明(1980)……;若所引之文或观点出自著作之中,则为:陆俭明(1993,84-85)……,逗号后的数字为页码,下同;若在所引之文后面用括号注明出自期刊或著作中的观点,则为:……(陆俭明 1980),或 ……(陆俭明 1993,84);若所转述的观点为不同的人持有,则为:……(Corder 1981;Krashen 1981);或 ……(James 1980;Ellis 1986,18-41)。三个作者及以上的,中文文献用第一作者加"等",如:朱德熙等(1961);外文文献用第一作者加 et al.,如:Tomasello et al.(1984)。

11. 重要术语:首次在国内语言学期刊上出现的术语须在括号内附上外文原文,但同一术语的外文原文不要重复出现。

12. 参考文献请按以下方式处理:

中文、日文文献排在西文文献之前;外文译著按中文文献处理;相同语种的文献按作者姓名的汉语拼音顺序或英文字母顺序排列;西文作者姓在前,名在后,姓名之间用逗号隔开。文献的作者或编者须全部列出,具体情况:(1)独立作者或编者的文献则使用完整姓名。(2)两个及以上作者或编者之间,中文文献统一使用顿号,如(赵彤、金磊、王晖),外文文献中统一使用 &(不用 and),如(Cole,P. & J. Morgan)。(3)参考文献有多个作者时,第一个作者的姓氏排前,后跟名字的首字母,如(Labov,W.),其余作者均先排列名字的首字母,再跟姓氏,如(Hauser,M.,N. Chomsky & W. Fitch)。具体格式如下:

中文著作:陆俭明(1993)《现代汉语句法论》,商务印书馆。

中文期刊:李晓琪(1995)中介语和汉语虚词教学,《世界汉语教学》第 4 期,63-69 页。

中文文集:彭聃龄(2003)汉字识别与连接主义模型,《对外汉语研究的跨学科探索》(赵金铭主编),191-206 页,北京语言大学出版社。

会议论文:柯彼德(2012)关于中国语言与文化在全球化世界中的地位和作用的若干思考,北京论坛(2012)文明的和谐与共同繁荣:"文明的构建:语言的沟通与典籍的传播"语言分论坛论文及摘要集,64-74 页,2012.11.02,北京大学。

英文著作:Kramsch, C. (1993) *Context and Culture in Language Teaching*. Oxford: Oxford University Press.

英文期刊:Martin, M. (1984) Advanced vocabulary teaching: The problem of synonyms. *Modern Language Journal*, 68, 130-137.

英文文集:Searle, J. (1975) Indirect Speech Acts. In P. Cole & J. L. Morgan (eds.). *Speech Acts*, 59—82. New York: Academic Press.

学位论文：金沛沛(2017)《汉语学习词典语用信息的选取与呈现研究》，北京大学博士学位论文。

研究报告：Cumming, A., R. Kantor, K. Baba, K. Eouanzoui, U. Erdosy & M. James. (2006) Analysis of discourse features and verification of scoring levels for independent and integrated prototype written tasks for the new TOEFL test. TOEFL: Monograph Report No. 30.

网络文章：Sanders, N. (2003) Opacity and sound change in the Polish lexicon. http://sanders.phonologist.org/diss.html.(访问日期：××年××月××日)